L'ÉCOLE MUTUELLE
COURS COMPLET D'ÉDUCATION POPULAIRE

GRAMMAIRE

FRANÇAISE

D'APRÈS LES MEILLEURS AUTEURS

PARIS
AUX BUREAUX DE LA PUBLICATION
5, RUE COQ-HÉRON, 5.

1865

AVERTISSEMENT

Les éditeurs de la *Bibliothèque nationale*, forts de leur expérience de deux années, ont pensé que le moment était venu de fonder, à côté de leur collection, exclusivement réservée aux nobles délassements de l'esprit, une publication consacrée à l'instruction populaire, vers laquelle se portent, à l'heure présente, les tendances les plus légitimes, auxquelles il est temps de donner satisfaction.

Ils n'ignorent pas que la question de l'enseignement préoccupe à un haut degré tous ceux qui, dans le domaine de l'intelligence, ont charge d'âmes. Mais ils se sont convaincus que la plupart des livres élémentaires, officiels ou non, avaient le défaut sensible de ne répondre que dans une faible mesure aux besoins les plus simples. On a fait trop de livres savants; l'heure est arrivée de subordonner la science à la pratique et de répandre des notions claires et susceptibles d'application immédiate, dans une société avant tout composée d'industriels et d'agriculteurs, qui n'ont que faire des abstractions, et qui veulent, soit faire eux-mêmes leur éducation, soit la compléter, soit encore coordonner les connaissances plus ou moins confuses qu'ils possèdent.

Les publicistes et les professeurs distingués qui ont bien voulu prêter, avec le plus complet désintéressement, leur concours à cette propagande pacifique, ont compris les intentions des éditeurs de la manière la plus large.

Leurs traités seront des précis complets des principales et des plus indispensables branches des connaissances humaines; ils tiendront compte des découvertes les plus récentes, sans s'embarrasser des méthodes du passé, sans abuser de la phraséologie scientifique, cet insurmontable repoussoir qui ferait prendre la science en horreur, en dépit des résultats que son devoir est de promettre et de donner aux ignorants de bonne volonté.

Nous n'arrivons pas les premiers dans cette carrière si vaste; nous savons rendre pleine justice aux hommes dévoués au véritable progrès qui ont attaché leur nom à des tentatives de même nature, mais, tout en leur faisant la part qui leur est due, nous regrettons de trouver dans les livres qu'ils ont mis au jour trop d'idées personnelles substituées à des vérités générales; trop de parti pris de juger d'après des systèmes préconçus; en un mot trop de dogmatisme, et pas assez de faits. C'est ce que les collaborateurs de l'*Ecole mutuelle* veulent éviter à tout prix: être utiles plutôt que d'être brillants, tel est le seul rôle qu'ils croient devoir ambitionner; nous espérons que le public les suivra dans cette voie.

La collection se composera de 24 volumes, dont voici la liste :

Grammaire.
Arithmétique.— Tenue de livres.
Dessin linéaire et géométrie.
Géographie générale.
Géographie de la France.
Cosmographie et géologie.
Musique.
Histoire naturelle.
Botanique.
Agriculture et horticulture.
Physique.
Chimie.

Hygiène et médecine.
Histoire ancienne.
Histoire du moyen âge.
Histoire moderne.
Histoire de France.
Droit usuel et législation.
Philosophie et morale.
Mythologie.—Hist. des religions.
Histoire littéraire.
Inventions et découvertes.
Dictionnaire de la langue française usuelle (2 volumes).

La publication sera complétement terminée dans l'espace d'une année. Les ouvrages seront publiés, autant que possible, dans l'ordre ci-dessus. Des gravures seront jointes au texte des ouvrages qui nécessiteraient cette adjonction.

CONDITIONS DE LA SOUSCRIPTION

On peut souscrire par volume ou par série de six volumes, ou à la collectien entière, soit 35 c. le volume; 2 fr. la série de six volumes, et 8 fr. la collection entière, rendu franco dans toute la France.

Le prix du volume broché pour Paris est de 25 c. pris au bureau. — Pour les départements, 35 c. rendu franco.

Le prix des volumes cartonnés, chez tous les libraires, est de 35 centimes.

GRAMMAIRE

NOTIONS GÉNÉRALES

I. La grammaire est l'ensemble des règles du langage. C'est à l'aide de sa connaissance qu'on parvient, par la parole ou l'écriture, à s'exprimer correctement, comme on le fait entre personnes bien élevées, et en suivant les exemples donnés par les bons auteurs.

II. Pour parler et pour écrire, on emploie des mots : les mots sont composés de syllabes, et les syllabes sont composées de lettres, qui représentent les sons.

III. On appelle alphabet le recueil de toutes les lettres d'une langue, rangées selon un ordre établi.

L'alphabet français est composé de vingt-cinq lettres, qui sont : *a, b, c, d, e, f, g, h, i, j, k, l, m, n, o, p, q, r, s, t, u, v, x, y, z.*

IV. Il y a deux sortes de lettres, les voyelles et les consonnes.

Les voyelles, qui sont tantôt longues et tantôt brèves, sont : *a, e, i, o, u* et *y*. Chacune de ces lettres peut former un son.

Les consonnes sont : *b, c, d, f, g, h, j, k, l, m, n, p, q, r, s, t, v, x, z*. Elles ne forment un son qu'avec le secours des voyelles, comme *ba, be, bé, bi, bo, bu.*

V. On appelle syllabe une ou plusieurs lettres qui forment un son, et, dans un mot, se prononcent d'une seule émission de voix. Ainsi le mot *vérité* a trois syllabes, *vé-ri-té*; le mot *égalité* en a quatre, *é-ga-li-té*.

Un mot d'une seule syllabe s'appelle *monosyllabe*, comme *loi, vent, temps*.

VI. Il y a trois sortes d'*e* : *e* muet, *é* fermé, *è* ouvert.

L'*e* muet, comme à la fin de ces mots : *homme, monde* : on l'appelle ainsi parce que le son en est peu sensible.

L'*é* fermé, comme à la fin de ces mots : *bonté, liberté* : on l'appelle ainsi parce qu'il se prononce la bouche presque fermée.

L'*è* ouvert, comme dans ces mots : *mère, modèle, tempête* : on l'appelle ainsi parce qu'il se prononce la bouche plus ouverte.

L'*y* (qui se prononce *i grec*) s'emploie tantôt pour un *i*, tantôt pour deux *i*. Il s'emploie pour un *i* au commencement et à la fin des mots ou dans le corps d'un mot après une consonne. Ex. : *yacht, dey, style*. Il s'emploie pour deux *i* dans le corps d'un mot, après une voyelle, *pays, moyen, joyeux*, prononcez : *pai-is, moi-ien, joi-ieux*.

La lettre *h* ne se prononce pas dans certains mots, tels que l'*homme*, l'*honneur* ; on prononce comme s'il y avait l'*omme*, l'*onneur* ; alors on l'appelle *h* muette.

Dans d'autres cas, au contraire, tels que dans les mots *le héros, le hasard, la haine*, la lettre *h* fait prononcer du gosier la voyelle qui suit : alors on l'appelle *h* aspirée.

Quoique la lettre *h* s'aspire dans *héros*, il est utile de remarquer que tous les dérivés de ce mot, *héroïne, héroïsme, héroïque* se prononcent sans aspiration.

VII. On appelle diphthongue ou voyelle composée d'un assemblage de plusieurs voyelles qui font entendre un son double, et qui néanmoins se prononcent par une seule émission de voix, tels que *oui, nuit, vient, mieux, oie, foie, suif*.

VIII. Il y a des voyelles *longues* et des voyelles *brèves*.

Les voyelles longues sont celles sur lesquelles on appuie plus longtemps que sur les autres en les prononçant ; les voyelles brèves sont celles sur lesquelles on appuie moins longtemps.

A est long dans les mots *âge, mâle, fable*, etc. Il est bref dans *patte, natte, battre, mal, glace, journal*, etc. *O* est long dans *apôtre, côte, dôme*, etc. Il est bref dans *botte, notre, sort, bosse*, etc.

PREMIÈRE PARTIE

Des parties du discours

Il y a en français dix sortes de mots, qu'on appelle les parties du discours : le substantif, l'article, l'adjectif, le pronom, le verbe, le participe (1), l'adverbe, la préposition, la conjonction et l'interjection. Les quatre derniers sont invariables.

Nous allons parcourir successivement ces diverses sortes de mots, en les définissant et en indiquant les principales règles qui dirigent leurs modifications.

CHAPITRE I

LE SUBSTANTIF, OU NOM

I. Le *substantif* ou *nom* est un mot qui sert à nommer une personne ou une chose, comme *Pierre, Paul, livre, maison.*

II. Il y a deux sortes de noms : le nom *propre* et le nom *commun*.

---

(1) Le participe n'étant qu'une subdivision du verbe, est éliminé par la plupart des grammairiens, qui réduisent de la sorte à neuf les parties du discours.

Le nom *propre* est celui qui ne convient qu'à une seule personne ou à une seule chose, comme *Pierre, Paul, Paris, la Seine*.

Le nom *commun* est celui qui convient à tous les individus ou à tous les objets de la même espèce, comme *homme, femme, livre, maison*. Parmi les noms communs, ceux qu'on appelle *collectifs* représentent l'idée de réunion, de *collection* d'un certain nombre d'objets, comme *la plupart* des hommes, *troupe, peuple, quantité*, etc. Les collectifs sont *généraux* quand ils représentent une collection entière, comme *la foule des humains* (la généralité des hommes); — ils sont partitifs quand ils représentent une collection partielle comme *une foule de pauvres, une troupe de soldats*.

Un substantif commun composé de plusieurs mots représentant une seule idée, comme *chef-d'œuvre, abat-jour*, etc., se nomme substantif composé.

III. Dans tous les substantifs, il faut considérer le genre et le nombre.

IV. Il y a en français deux genres : le *masculin* et le *féminin*. Les noms d'homme ou de mâle sont du genre masculin, comme un *homme*, un *garçon*, un *chien*, un *lion*; les noms de femme ou de femelle sont du genre féminin, comme une *femme*, une *fille*, une *chienne*, une *lionne*. Ensuite, par imitation, on a donné le genre masculin ou le genre féminin à des objets qui ne sont ni mâle ni femelle, comme un *livre*, une *table*, un *chapeau*, une *robe*. Tout substantif devant lequel on peut mettre *le* ou *un* est masculin ; tout substantif devant lequel on peut mettre *la* ou *une* est féminin.

V. Il y a deux nombres, le *singulier* et le *pluriel*; le *singulier*, quand on parle d'une seule personne ou d'une *seule chose*, comme *un homme, un livre*; le *pluriel*, quand on parle de plusieurs personnes ou de plusieurs choses, comme *les hommes, les livres*.

Il y a des substantifs qui ne s'emploient qu'au singulier, comme *la faim, la soif, la paresse, la jeunesse, l'humanité*; et d'autres qui ne sont d'usage qu'au pluriel, comme *funérailles, ténèbres, pleurs, ancêtres, obsèques*.

VI. Pour former le pluriel du nom, la règle générale est d'ajouter *s* au singulier : *l'homme, les hommes; la maison, les maisons*.

Il y a quatre exceptions importantes à cette règle :

1° Les substantifs terminés au singulier par *s, x, z* n'ajoutent rien au pluriel : *le fils, les fils; la voix, les voix; le nez, les nez*.

2° Les substantifs terminés au singulier par *au, eau, œu, eu, ou* prennent un *x* au pluriel au lieu d'un *s* : *le bateau, les bateaux; l'eau, les eaux; le feu, les feux, le vœu, les vœux; le chou, les choux*. Mais plusieurs noms en *ou* prennent un *s* selon la règle générale : *trous, sous, clous, filous.*

3º Les substantifs terminés par *al* ou *ail* changent au pluriel cette finale en *aux* : *le mal, les maux; un cheval, des chevaux; le travail, les travaux* (1). (Exceptions : *aval, bal, cal, pal, régal, chacal,* qui forment leur pluriel par l'addition de l'*s*.) Mais *détail, épouvantail, portail, gouvernail, éventail,* font *détails,* etc., selon la règle générale.

4º *Ciel, œil, aïeul,* font au pluriel *cieux, yeux, aïeux.* On dit cependant *des ciels,* en termes de peinture, *des ciels de lit, des œils de bœuf* (petite fenêtre ovale).

CHAPITRE II

L'ARTICLE

I. L'article est un mot que l'on met devant les substantifs, et qui en fait connaître le nombre et le genre.

Nous avons en français deux sortes d'arti-

---

(1) On dit aussi *les travails* pour désigner l'appareil à l'aide duquel on parvient à ferrer les chevaux vicieux. Nous trouvons même cette distinction assez étrange, dans une grammaire de 1833 : « On dit *les*

cles, *le, la, les* (*article défini*), et *un, une* (*article indéfini*), qui s'applique à un objet déterminé. *Le* se met devant un nom masculin singulier : *le père. La* se met devant un nom féminin singulier : *la mère. Les* se met devant les noms pluriels, soit masculins soit féminins : *les pères, les mères.*

II. Il y a deux remarques à faire sur l'article :

1° On retranche *e* dans l'article *le* et *a* dans l'article *la* lorsque le mot suivant commence par une voyelle ou par une *h* muette. Ainsi on dit : *l'argent, l'homme, l'histoire*, pour *le argent, le homme, la histoire*. C'est ce que l'on appelle une *élision*. Mais alors, à la place de la lettre retranchée on met ce petit signe ('), qu'on appelle *apostrophe*.

2° Souvent les articles sont précédés des mots *de* ou *à* : *le fruit de l'arbre, le fils de l'homme*. Mais au lieu de mettre *de le* devant un nom masculin singulier qui commence par une consonne, on met *du* : la porte *du* jardin, pour la porte *de le* jardin ; dans le même cas, au lieu de mettre *à le* on met *au* : aller *au* jardin, pour aller *à le* jardin. Au contraire, *de* et *à* devant un nom féminin sin-

---

travaux, en parlant des ouvrages manuels, et *les travails* en parlant des rapports d'un ministre ou d'un commis. » Nous trouvons aussi cette nuance dans la grammaire de Noël et Chapsal.

gulier ne se changent jamais; on dit : *de la maison, à la maison.*

Devant un nom pluriel, *de les* se change en *des; à les* se change en *aux* : l'étude *des* sciences, pour l'étude *de les* sciences; s'appliquer *aux* sciences, pour s'appliquer *à les* sciences.

Cette réunion de deux syllabes en une se nomme *contraction.*

III. On peut supprimer l'article qui suit *de* et *à* lorsqu'il s'agit de présenter une idée d'une manière vague et indéterminée. Ex. : *On a beaucoup parlé sur la meilleure forme de gouvernement; le ministre a présenté plusieurs lois de finances; un moulin à eau; du papier à lettres.*

Mais si l'on voulait parler de finances, de gouvernement, etc., d'une manière déterminée, il faudrait ajouter l'article.

Ex. : *En France, la forme du gouvernement est ordinairement monarchique; j'irai demain au ministère des finances; un pot à l'eau; la boîte aux lettres.*

De, du, des, de le, de la, suivis d'un nom, marquent un sens indéfini, et sont des articles *indéfinis* lorsque ce nom est sujet ou régime direct d'un verbe ou bien régime d'une préposition.

Ex. : *Je promets des succès à des enfants qui montrent de la diligence.*

Du pain avec du cresson suffisait à un Spartiate, suffisait à des Spartiates.

Dans ces exemples, *des, de la, du*, désignent les choses et les personnes, sans définir, sans déterminer ni quantité ni nombre, etc.; ce sont des articles indéfinis. *Un* est aussi article indéfini quand il ne signifie pas *un seul*, comme dans cet exemple : *du pain suffisait à un Spartiate.*

CHAPITRE III

L'ADJECTIF

I. L'adjectif est un mot que l'on ajoute au substantif pour marquer la qualité d'une personne ou d'une chose, comme *bon* père, *bonne* mère, *beau* livre, *belle* image. Ces mots *bon, bonne, beau, belle*, sont des adjectifs joints aux substantifs *père, mère, livre, image*.

Le substantif, désignant un objet d'une manière fixe, n'a pas besoin d'adjectif pour être entendu : on entend bien ce que signifient ces mots *père, mère, livre, image*, sans le secours d'un autre mot. L'adjectif, au contraire, ne désignant un objet que par ses qualités, ne présente à l'esprit aucune idée fixe; c'est pourquoi il doit toujours se rapporter à un substantif exprimé ou sous-entendu. En observant attentivement cette distinction, il est facile de distinguer les adjectifs des substantifs.

II. Les adjectifs ont les deux genres, masculin et féminin. Cette différence de genre se marque ordinairement par la dernière lettre.

On forme le féminin des adjectifs en ajoutant un *e* muet au masculin : *grand, grande; petit, petite; méchant, méchante.*

Quand un adjectif est terminé au masculin par un *e* muet, il ne change pas de terminaison au féminin ; ainsi les adjectifs *honnête, aimable, utile, facile, habile,* etc., s'écrivent au féminin comme au masculin.

Il y a de nombreuses exceptions à la règle de la formation du féminin des adjectifs.

Voici les plus importantes :

1° Plusieurs adjectifs, qui se terminent au masculin par *el, eil, ul, on, ien, as, aïs, os, et, ot,* doublent au féminin leur dernière consonne en y ajoutant l'*e* muet : *cruel, cruelle; pareil, pareille; nul, nulle; bon, bonne; ancien, ancienne; las, lasse; épais, épaisse; gros, grosse; muet, muette, sot, sotte.*

Mais on dit *mauvaise, niaise, discrète, inquiète, prête, dévote, idiote.*

Beau, nouveau et *fou* font au féminin *belle, nouvelle* et *folle,* parce qu'au masculin on dit aussi *bel, nouvel* et *fol,* devant une voyelle ou une *h* muette : *bel enfant, nouvel accident, fol entêtement.*

2° Les adjectifs *blanc, franc, sec, frais,* font au féminin *blanche, franche, sèche, fraîche.*

Public, caduc font *publique, caduque; grec* fait *grecque.*

3° Les adjectifs terminés au masculin en *f* font leur féminin en changeant *f* en *ve* : *bref, brève ; neuf, neuve ; vif, vive ; actif, active.*

4° *Malin* et *bénin* font *maligne* et *bénigne.*

Long fait *longue.*

Favori fait *favorite.*

Tiers fait *tierce.*

5° Les adjectifs en *eur* font ordinairement leur féminin en *euse* : *trompeur, trompeuse; chanteur, chanteuse.*

Cette règle comporte cependant quelques exceptions : *supérieur, inférieur, majeur, mineur,* etc., font *supérieure, inférieure, majeure, mineure,* etc.

Enchanteur, pécheur, vengeur, font *enchanteresse, pécheresse, vengeresse.*

Acteur, adorateur, conducteur, bienfaiteur, électeur, lecteur, testateur, tuteur, etc., font *actrice, adoratrice, conductrice, bienfaitrice, électrice, lectrice, testatrice, tutrice,* etc.

6° Les adjectifs terminés en *x* se changent en *se* : *heureux, heureuse ; dangereux, dangereuse ; jaloux, jalouse.* Cependant *faux, roux, doux,* font *fausse, rousse, douce.*

III. Le pluriel dans les adjectifs, tant masculins que féminins, se forme comme dans les substantifs, en ajoutant *s* à la fin : *bon, bons; bonne, bonnes.*

Cette règle a d'ailleurs les mêmes exceptions que pour les substantifs; ainsi les adjectifs terminés au singulier par *x* ne changent pas de forme au pluriel; ceux terminés au masculin singulier par *eau* prennent *x* au pluriel : *beau, beaux*; ceux terminés au masculin singulier en *al* font leur pluriel en *aux* : *égal, égaux.*

Mais la plupart des adjectifs qui finissent en *al* n'ont pas de pluriel au masculin, comme *filial, fatal, moral, trivial, vénal, littéral, final*, etc. On dit cependant des *combats navals* et on tolère *fatals* au pluriel, surtout en poésie.

IV. Quant à la place que doivent occuper les adjectifs, plusieurs se mettent devant le substantif, comme *beau jardin, grand arbre*; d'autres se mettent après, comme *habit rouge, table ronde*. L'usage est le seul guide à cet égard.

Il faut cependant observer que plusieurs adjectifs ont un sens différent suivant la place qu'ils occupent : *un homme grand* est un homme d'une grande taille, *un grand homme* est un homme d'un mérite rare; *un honnête homme* est un homme qui a de la probité, *un homme honnête* est un homme qui a de la noblesse, etc.

V. Dans les langues anciennes, notamment dans la langue latine, les adjectifs avaient des modes divers, suivant leurs degrés de signification, distingués en *positif*, *comparatif* et *superlatif*, par les noms.

Le *positif* n'est autre chose que l'adjectif exprimant simplement la qualité.

Le *comparatif* est pour indiquer, par comparaison, qu'une chose est supérieure ou inférieure à une autre.

Le *superlatif*, c'est l'adjectif exprimant la qualité dans un degré très haut ou très bas.

En français, on indique ces degrés divers de comparaison par des particules diverses, et l'adjectif reste invariable :

Positif : la rose est une belle fleur.

Comparatif : la rose est plus belle que la violette, ou *la violette est moins belle que la rose.*

Superlatif : la rose est une très belle fleur ou *la rose est la plus belle des fleurs.*

On se sert de la particule *plus* ou *moins* pour indiquer le comparatif; pour former le superlatif, on use de la particule *très* ou *fort*, ou bien on met devant *plus* ou *moins* un des articles *le*, *la*, *les*.

Nous avons trois adjectifs seulement qui se modifient au comparatif : *meilleur* au lieu de *plus bon*; *moindre* au lieu de *plus petit*; *pire* au lieu de *plus mauvais*; et pour exprimer le superlatif on place devant ces trois adjectifs l'un des articles *le, la, les. Comparatif : les poires sont meilleures que les pommes. Superlatif : la poire est le meilleur des fruits.*

VI. On appelle *adjectifs de nombre* ceux dont on se sert pour compter. Il y en a de deux sortes, les nombres cardinaux et les nombres ordinaux.

Les nombres cardinaux marquent le nombre des choses, comme *un, deux, trois, cent, deux cents, mille, dix mille,* etc.

Les nombres ordinaux marquent l'ordre ou le rang, comme *premier, second, vingtième,* etc.

Les nombres cardinaux sont invariables et n'ont ni genre ni nombre; cependant, *cent* quand il y en a plusieurs, et *vingt* dans *quatre-vingts,* prennent une *s*, à moins qu'ils ne soient suivis d'un autre nombre. Ex. : *deux cents volumes, deux cent un. Quatre-vingts hommes, quatre-vingt-treize. Mille* ne la prend en aucun cas. Pour la date des années, on écrit *mil : Mil huit cent soixante-cinq.*

Les nombres ordinaux sont de vrais adjectifs, qui ont un féminin, à moins qu'ils ne se terminent par un *e* muet, comme *dixième,* et en tout cas un pluriel : *premier, première; premiers, premières.*

Il y a d'autres noms de nombre qui sont de vrais substantifs. Il y en a de trois sortes:

1º Ceux qui servent à marquer une certaine quantité d'unités, comme une *huitaine*, une *dizaine*, une *douzaine*, une *vingtaine*, une *trentaine*, une *quarantaine*, une *cinquantaine*, une *centaine*, un *millier*, un *million*, un *billion*, un *trillion*, etc. : on les nomme *collectifs*;

2º Ceux qui servent à marquer les parties d'un tout, comme une *demie*, un *tiers*, un *quart*, un *cinquième*, un *centième*, etc. : on les nomme *partitifs*;

3º Ceux qui servent à marquer la multiplication, comme le *double*, le *triple*, le *quadruple*, le *quintuple*, le *sextuple*, le *centuple*, etc.

CHAPITRE IV

LE PRONOM

I. Le pronom est un mot qui tient la place d'un nom ou substantif, ou qui s'y rapporte, pour en éviter la répétition trop fréquente. Si, en parlant d'un enfant, je dis : *il est sage*, le mot *il* tient la place d'enfant : c'est un pronom.

II. Il y a six sortes de pronoms : le pronom personnel, le pronom possessif, le pronom démonstratif, le pronom relatif, le pronom interrogatif et le pronom indéfini. Les pronoms *possessif*, *démonstratif* et *indéfini* pourraient être ramenés à une seule classe sous le nom de *pronoms adjectifs*.

III. Les pronoms personnels sont ceux qui désignent les personnes. Il y a trois personnes : la première personne est celle qui parle, la seconde personne celle à qui l'on parle, et la troisième personne est celle de qui l'on parle.

Le pronom de la première personne est le même pour les deux genres : *je, me, moi* au singulier ; *nous* au pluriel.

Le pronom de la seconde personne est *tu, te, toi* pour le singulier, et *vous* pour le pluriel, au masculin et au singulier.

Par politesse, en dépit de la logique, on dit *vous* au lieu de *tu* au singulier : *je vous salue*, au lieu de *je te salue*.

Le pronom de la troisième personne est au singulier masculin *il, le,* ou *lui* ; au singulier féminin, *elle, la* ; au pluriel masculin, *ils* pour *eux* ; au pluriel féminin, *elles*.

On dit *me, te,* pour *moi, à moi ; toi, à toi. Il me regarde,* c'est-à-dire *il regarde moi ; il me donnera,* c'est-à-dire *il donnera à moi. Il te donnera,* c'est-à-dire *il donnera à toi.*

On dit *nous, vous,* pour *à nous, à vous.* Ex. : *Il nous parle,* c'est-à-dire *il parle à nous. Je vous parle,* c'est-à-dire *je parle à vous.*

On dit *lui, leur,* pour *à lui, à elle, à eux, à elles.* Ex. : *Je lui ai dit,* c'est-à-dire *j'ai dit à lui* ou *à elle*; *je leur ai dit*, c'est-à-dire *j'ai dit à eux* ou *à elles*.

On dit *le* pour *lui*, *la* pour *elle*. Ex. : *Je le connais*, c'est-à-dire *je connais lui*; *je la connais*, c'est-à-dire *je connais elle*.

On dit *les* pour *eux*, *elles*. Ex. : *Je les connais*, c'est-à-dire *je connais eux, elles*.

Il y a encore un pronom de la troisième personne, *soi, se* : il est des deux genres et des deux nombres. On l'appelle *pronom réfléchi*, parce qu'il marque le rapport d'une personne à elle-même.

On dit *se* pour *soi, à soi*. Ex. : *Il se flatte*, c'est-à-dire *il flatte soi*; *il se donne des louanges*, c'est-à-dire *il donne à soi*. On n'emploie *soi* qu'après un sujet vague et indéterminé, comme *on, chacun*, etc. Ex. : *On ne doit jamais parler de soi. Chacun songe à soi.*

IV. Il y a des mots qui servent de pronom :

1° *En* signifie *de lui, d'elle, d'eux, d'elles*; ainsi quand on dit : *j'en parle*, on peut entendre *je parle de lui, d'elle*, etc., selon la personne ou la chose dont le nom a été exprimé auparavant;

2° *Y* signifie *à cette chose, à ces choses*, comme quand on dit : *je m'y applique*, c'est-à-dire *je m'applique à cette chose*;

3° Le mot *où* peut aussi passer pour un pronom, tenant la place d'un ou de plusieurs substantifs. Quand je dis *le lieu où nous* sommes, la *maison où vous allez*, c'est comme si je disais, *le lieu dans lequel nous sommes, la maison dans laquelle vous allez.*

V. Les pronoms démonstratifs sont ceux qui servent à montrer la chose dont on parle, comme quand je dis : *ce livre, cette table*, je montre un livre, une table.

SINGULIER		PLURIEL	
Masc.	*Fém.*	*Masc.*	*Fém.*
Ce, cet.	Cette.	Ces.	Ces.
Celui.	Celle.	Ceux.	Celles.
Celui-ci.	Celle-ci.	Ceux-ci.	Celles-ci.
Celui-là.	Celle-là.	Ceux-là.	Celles-là.
Ceci,			
Cela.			

On met *ce* devant les mots qui commencent par une consonne ou une *h* aspirée : *ce château, ce hameau*. On met *cet* devant les mots qui commencent par une voyelle ou une *h* muette : *cet oiseau, cet homme.*

Celui-ci, celui-là s'emploient de cette manière : *celui-ci*, pour la personne dont on a parlé en dernier lieu ; *celui-là*, pour la personne dont on a parlé en premier lieu.

Ex. : *Les deux philosophes Héraclite et Démocrite étaient d'un caractère bien différent : celui-ci riait toujours, celui-là pleurait sans cesse.*

Ceci désigne une chose plus proche, *cela* désigne une chose plus éloignée.

Ex. : *Je n'aime pas ceci ; donnez-moi cela.*

VI. Les pronoms possessifs sont ceux qui marquent la possession d'une chose ; comme *mon livre, votre cheval, son chapeau;* c'est-à-dire le livre *qui est à moi*, le cheval *qui est à vous*, le chapeau *qui est à lui.*

Voici le tableau des pronoms possessifs :

SINGULIER		PLURIEL
Masc.	*Fém.*	*Des deux genres.*
Mon.	Ma.	Mes.
Ton.	Ta.	Tes.
Son.	Sa.	Ses.
Notre.	Notre.	Nos.
Votre.	Votre.	Vos.
Leur.	Leur.	Leurs.

Ces pronoms sont toujours joints à un substantif ; ceux qui suivent ne le sont jamais.

SINGULIER		PLURIEL	
Masc.	*Fém.*	*Masc.*	*Fém.*
Le mien.	La mienne.	Les miens.	Les miennes.
Le tien.	La tienne.	Les tiens.	Les tiennes.
Le sien.	La sienne.	Les siens.	Les siennes.
Le nôtre.	La nôtre.	Les nôtres.	Les nôtres.
Le vôtre.	La vôtre.	Les vôtres.	Les vôtres.
Le leur.	La leur.	Les leurs.	Les leurs.

On emploie *mon, ton, son,* au féminin, au lieu de *ma, ta, sa,* devant un substantif qui commence par une voyelle ou une *h* muette : ainsi l'on dit *mon âme* pour *ma âme ; ton histoire* pour *ta histoire ; son épée* pour *sa épée.*

VII. Les pronoms relatifs sont ceux qui ont rapport à un substantif qui précède. Le mot ou la phrase dont ils rappellent l'idée se nomme *antécédent.*

Dans cette phrase : *C'est la personne dont tu me parles qui m'a prêté le livre que je lis; dont, qui* et *que* sont des pronoms relatifs ; *dont* et *qui* se rapportent à *personne; que* se rapporte à *livre.* Le mot auquel se rapporte un pronom relatif s'appelle antécédent. Dans la phrase ci-dessus, *personne* est l'antécédent de *dont* et de *qui ; livre* est l'antécédent de *que.*

Les pronoms relatifs sont *qui, que, dont, lequel, laquelle, lesquels, lesquelles.*

VIII. Les pronoms interrogatifs sont ceux qui servent à interroger. Ces pronoms sont *que? qui? quoi? quel. quelle?* Comme quand on dit : *qui a fait cela? que faites-vous? à quoi vous amusez-vous? quelle heure est-il?*

On se sert des pronoms interrogatifs, non-seulement pour interroger, mais encore pour marquer le doute, l'ignorance, comme dans ces phrases : *J'ignore quel parti vous prendrez. Je ne sais que faire. Voyez à quoi vous vous exposez.*

IX. Les pronoms indéfinis sont ceux qui désignent d'une manière vague et indéterminée une personne et une chose, comme : *on m'a parlé de vous; je ferai ce que vous voudrez; rien n'est plus vrai.*

Les pronoms indéfinis sont *on, quelqu'un, chacun, quiconque, autrui, personne, rien.*

On considère comme pronoms indéfinis des adjectifs indéfinis eux-mêmes, qui ne sont pas joints à un substantif : *aucun, nul, certain, tel.*

CHAPITRE V

LE VERBE

I. Le verbe est un mot qui exprime un *acte* ou un *état*, soit physique, soit intellectuel et moral. On s'en sert pour affirmer que l'on est ou que l'on fait quelque chose. Il n'y a à proprement parler qu'un seul verbe, qui est *être*, parce qu'il n'y a que lui seul qui exprime l'affirmation, et tous les autres verbes peuvent se ramener à lui, comme *j'aime*, pour *je suis aimant; j'écris*, pour *je suis écrivant; je lis*, pour *je suis lisant.*

II. Réunir de suite tous les modes d'un

verbe, avec tous leurs temps, leurs personnes et leurs nombres, cela s'appelle *conjuguer* ; c'est la partie la plus essentielle du mécanisme de la langue.

III. Il y a quatre modes dans chaque verbe : l'indicatif, l'impératif, le subjonctif et l'infinitif.

1° L'*infinitif*, qui exprime l'action ou l'état en général ;

2° L'*indicatif*, qui affirme l'action ou l'état ;

3° L'*impératif*, qui commande, permet, conseille ou prie ;

4° Le *subjonctif* est toujours subordonné à un autre verbe qui exprime le désir, l'incertitude, le doute ou la négation.

IV. On appelle *temps* les différentes parties du verbe qui marquent le temps où se passent les choses dont on parle. Il y a trois temps principaux auxquels tous les autres peuvent se rapporter : le *présent*, qui marque que la chose est ou se fait actuellement, comme *je lis* ; le *passé*, qui marque que la chose a existé ou a été faite, comme *j'ai lu* ; le *futur*, qui marque que la chose sera, ou se fera, comme *je lirai*.

V. On distingue trois personnes dans les verbes : la première est celle qui parle, la seconde est celle à qui l'on parle, la troisième est celle de qui l'on parle. Les pronoms personnels *je*, *nous*, *tu*, *vous*, *il*, *elle*, *ils*, *elles*, désignent ces trois personnes.

VI. Les verbes ont deux nombres : le singulier quand il ne s'agit que d'une seule personne : *je lis, tu vois, l'enfant dort ;* le pluriel quand il est question de plusieurs personnes : *nous lisons, vous voyez, les enfants dorment.*

VII. Pour bien comprendre le mécanisme des verbes, il faut comparer ces simples indications avec le tableau des conjugaisons que nous allons donner : l'intelligence de chacun et l'habitude feront pénétrer ce mécanisme dans l'esprit, bien plus que des explications nécessairement compliquées et confuses.

Il y a en français quatre conjugaisons différentes, que l'on distingue par la terminaison de l'infinitif.

La première conjugaison a l'infinitif terminé en *er*, comme *aimer ;*

La seconde a l'infinitif terminé en *ir*, comme *finir ;*

La troisième a l'infinitif terminé en *oir*, comme *recevoir ;*

La quatrième a l'infinitif terminé en *re*, comme *rendre.*

Ces quatre conjugaisons sont les types de toutes les autres ; mais avant d'en donner le tableau, il faut que nous donnions celui des deux verbes *être* et *avoir*, que l'on appelle auxiliaires, parce qu'ils aident à conjuguer tous les autres.

VIII. VERBE AUXILIAIRE *AVOIR*

INDICATIF
PRÉSENT
J'ai.
Tu as.
Il *ou* elle a.
Nous avons.
Vous avez.
Ils *ou* elles ont.

IMPARFAIT
J'avais.
Tu avais.
Il *ou* elle avait.
Nous avions.
Vous aviez.
Ils *ou* elles avaient.

PASSÉ DÉFINI OU PRÉTÉRIT
J'eus.
Tu eus.
Il *ou* elle eut.
Nous eûmes.
Vous eûtes.
Ils *ou* elles eurent.

PASSÉ INDÉFINI OU PARFAIT
J'ai eu.
Tu as eu.
Il *ou* elle a eu.
Nous avons eu.
Vous avez eu.
Ils *ou* elles ont eu.

PASSÉ ANTÉRIEUR
J'eus eu.
Tu eus eu.
Il *ou* elle eut eu.
Nous eûmes eu.
Vous eûtes eu.
Ils *ou* elles eurent eu.

PLUS-QUE-PARFAIT
J'avais eu.
Tu avais eu.
Il *ou* elle avait eu.
Nous avions eu.
Vous aviez eu.
Ils *ou* elles avaient eu.

FUTUR
J'aurai.
Tu auras.
Il *ou* elle aura.
Nous aurons.
Vous aurez.
Ils *ou* elles auront.

FUTUR ANTÉRIEUR
J'aurai eu.
Tu auras eu.
Il *ou* elle aura eu.
Nous aurons eu.
Vous aurez eu.
Ils *ou* elles auront eu.

CONDITIONNEL PRÉSENT
J'aurais.

Tu aurais.
Il *ou* elle aurait.
Nous aurions.
Vous auriez.
Ils *ou* elles auraient.

CONDITIONNEL PASSÉ
(1re forme)

J'aurais eu.
Tu aurais eu.
Il *ou* elle aurait eu.
Nous aurions eu.
Vous auriez eu.
Ils *ou* elles auraient eu.

(2e forme)

J'eusse eu, tu eusses eu, il ou elle eût eu, nous eussions eu, vous eussiez eu, ils ou elles eussent eu.

IMPÉRATIF

Point de 1re personne du singulier ni de 3e pour les 2 nombres.

Aie.
Ayons.
Ayez.

SUBJONCTIF
PRÉSENT OU FUTUR

Que j'aie.
Que tu aies.
Qu'il *ou* qu'elle ait.
Que nous ayons.
Que vous ayez.
Qu'ils *ou* qu'elles aient.

IMPARFAIT

Que j'eusse.
Que tu eusses.
Qu'il *ou* qu'elle eût.
Que nous eussions.
Que vous eussiez.
Qu'ils *ou* qu'elles eussent.

PASSÉ

Que j'aie eu.
Que tu aies eu.
Qu'il *ou* qu'elle ait eu.
Que nous ayons eu.
Que vous ayez eu.
Qu'ils *ou* qu'elles aient eu.

PLUS-QUE-PARFAIT

Que j'eusse eu.
Que tu eusses eu.
Qu'il *ou* qu'elle eût eu.
Que nous eussions eu.
Que vous eussiez eu.
Qu'ils *ou* qu'elles eussent eu.

INFINITIF
PRÉSENT

Avoir.

PASSÉ

Avoir eu.

PARTICIPE PRÉSENT   PASSÉ

Ayant.   Eu, ayant eu.

IX. VERBE AUXILIAIRE *ÊTRE*

INDICATIF

PRÉSENT

Je suis.
Tu es.
Il *ou* elle est.
Nous sommes.
Vous êtes.
Ils *ou* elles sont.

IMPARFAIT

J'étais.
Tu étais.
Il *ou* elle était.
Nous étions.
Vous étiez.
Ils *ou* elles étaient.

PASSÉ DÉFINI

Je fus.
Tu fus.
Il *ou* elle fut.
Nous fûmes.
Vous fûtes.
Ils *ou* elles furent.

PASSÉ INDÉFINI

J'ai été.
Tu as été.
Il *ou* elle a été.
Nous avons été.
Vous avez été.
Ils *ou* elles ont été.

PASSÉ ANTÉRIEUR

J'eus été.
Tu eus été.
Il *ou* elle eut été.
Nous eûmes été.
Vous eûtes été.
Ils *ou* elles eurent été.

PLUS-QUE-PARFAIT

J'avais été.
Tu avais été.
Il *ou* elle avait été.
Nous avions été.
Vous aviez été.
Ils *ou* elles avaient été.

FUTUR

Je serai.
Tu seras.
Il *ou* elle sera.
Nous serons.
Vous serez.
Ils *ou* elles seront.

FUTUR ANTÉRIEUR

J'aurai été.
Tu auras été.
Il *ou* elle aura été.
Nous aurons été.
Vous aurez été.
Ils *ou* elles auront été.

CONDITIONNEL PRÉSENT

Je serais.
Tu serais.
Il *ou* elle serait.
Nous serions.
Vous seriez.
Ils *ou* elles seraient.

CONDITIONNEL PASSÉ

J'aurais été.
Tu aurais été.
Il *ou* elle aurait été.
Nous aurions été.
Vous auriez été.
Ils *ou* elles auraient été.

(2ᵉ forme).
On dit aussi : *J'eusse* été, *tu eusses été*, *il* ou *elle eût été*, *nous eussions été*, *vous eussiez été*, *ils* ou *elles eussent été*.

IMPÉRATIF

Point de 1ʳᵉ pers. d. sing., ni de 3ᵉ pour les deux nombres.

Sois.
Soyons.
Soyez.

SUBJONCTIF

PRÉSENT OU FUTUR

Que je sois.
Que tu sois.
Qu'il *ou* qu'elle soit.
Que nous soyons.
Que vous soyez.
Qu'ils *ou* qu'elles soient.

IMPARFAIT

Que je fusse.
Que tu fusses.
Qu'il *ou* qu'elle fût.
Que nous fussions.
Que vous fussiez.
Qu'ils *ou* qu'elles fussent.

PASSÉ

Que j'aie été.

Que tu aies été.
Qu'il *ou* qu'elle ait été.
Que nous ayons été.
Que vous ayez été.
Qu'ils *ou* qu'elles aient été.

PLUS-QUE-PARFAIT

Que j'eusse été.
Que tu eusses été.
Qu'il *ou* qu'elle eût été.
Que nous eussions été.
Que vous eussiez été.
Qu'ils *ou* qu'elles eussent été

INFINITIF

PRÉSENT

Être.

PASSÉ

Avoir été.

PARTICIPE PRÉSENT

Étant.

PASSÉ

Été, ayant été.

X. PREMIÈRE CONJUGAISON EN *ER*

INDICATIF

PRÉSENT

J'aime.
Tu aimes.
Il aime.
Nous aimons.
Vous aimez.
Ils aiment.

IMPARFAIT

J'aimais.
Tu aimais.
Il aimait.
Nous aimions.
Vous aimiez.
Ils aimaient.

PASSÉ DÉFINI

J'aimai.
Tu aimas.
Il aima.
Nous aimâmes.
Vous aimâtes.
Ils aimèrent.

PASSÉ INDÉFINI

J'ai aimé.
Tu as aimé.
Il a aimé.
Nous avons aimé.
Vous avez aimé.
Ils ont aimé.

PASSÉ ANTÉRIEUR

J'eus aimé.
Tu eus aimé.
Il eut aimé.
Nous eûmes aimé.
Vous eûtes aimé.
Ils eurent aimé (1).

PLUS-QUE-PARFAIT

J'avais aimé.
Tu avais aimé.
Il avait aimé.
Nous avions aimé.
Vous aviez aimé.
Ils avaient aimé.

FUTUR

J'aimerai.
Tu aimeras.
Il aimera.
Nous aimerons.
Vous aimerez.
Ils aimeront.

FUTUR ANTÉRIEUR

J'aurai aimé.
Tu auras aimé.
Il aura aimé.
Nous aurons aimé.
Vous aurez aimé.
Ils auront aimé.

CONDITIONNEL PRÉSENT

J'aimerais.
Tu aimerais.
Il aimerait.
Nous aimerions.
Vous aimeriez.
Ils aimeraient.

CONDITIONNEL PASSÉ

J'aurais aimé.
Tu aurais aimé.
Il aurait aimé.
Nous aurions aimé.
Vous auriez aimé.
Ils auraient aimé.

PASSÉ (2ᵉ forme).

On dit aussi : *j'eusse aimé, tu eusses aimé, il eût aimé, nous eussions aimé, vous eussiez aimé, ils eussent aimé.*

IMPÉRATIF

Point de 1ʳᵉ pers. du

---

(1) Il y a un quatrième passé, dont on se sert rarement. Le voici : J'ai eu aimé, tu as eu aimé, il a eu aimé, nous avons eu aimé, vous avez eu aimé, ils ont eu aimé.

sing. ni de 3ᵉ pour les deux nombres.

Aime.
Aimons.
Aimez.

SUBJONCTIF

PRÉSENT OU FUTUR

Que j'aime.
Que tu aimes.
Qu'il aime.
Que nous aimions.
Que vous aimiez.
Qu'ils aiment.

IMPARFAIT

Que j'aimasse.
Que tu aimasses.
Qu'il aimât.
Que nous aimassions.
Que vous aimassiez.
Qu'ils aimassent.

PASSÉ

Que j'aie aimé.

Que tu aies aimé.
Qu'il ait aimé.
Que nous ayons aimé.
Que vous ayez aimé.
Qu'ils aient aimé.

PLUS-QUE-PARFAIT

Que j'eusse aimé.
Que tu eusses aimé.
Qu'il eût aimé.
Que nous eussions aimé.
Que vous eussiez aimé.
Qu'ils eussent aimé.

INFINITIF

PRÉSENT

Aimer.

PASSÉ

Avoir aimé.

PARTICIPE PRÉSENT

Aimant.

PASSÉ

Aimé, aimée, ayant aimé.

Ainsi se conjuguent les verbes *chanter, danser, donner, demander, sauter, frapper, porter, parler, aborder, marcher, chercher, former, autoriser, flatter, dédaigner, traîner, inventer,* etc.

XI. SECONDE CONJUGAISON EN *IR*

INDICATIF

PRÉSENT

Je finis.
Tu finis.
Il finit.
Nous finissons.
Vous finissez.
Ils finissent.

IMPARFAIT

Je finissais.
Tu finissais.
Il finissait.
Nous finissions.
Vous finissiez.
Ils finissaient.

PASSÉ DÉFINI

Je finis.
Tu finis.
Il finit.
Nous finîmes.
Vous finîtes.
Ils finirent.

PASSÉ INDÉFINI

J'ai fini.
Tu as fini.
Il a fini.
Nous avons fini.
Vous avez fini.
Ils ont fini.

PASSÉ ANTÉRIEUR

J'eus fini.
Tu eus fini.
Il eut fini.
Nous eûmes fini.
Vous eûtes fini.
Ils eurent fini (1).

PLUS-QUE-PARFAIT

J'avais fini.
Tu avais fini.
Il avait fini.
Nous avions fini.
Vous aviez fini.
Ils avaient fini.

FUTUR

Je finirai.
Tu finiras.
Il finira.

(1). Il y a un quatrième passé, mais on s'en sert rarement. Le voici : J'ai eu fini, tu as eu fini, il a eu fini, nous avons eu fini, vous avez eu fini, ils ont eu fini.

Nous finirons.
Vous finirez.
Ils finiront.

FUTUR ANTÉRIEUR

J'aurai fini.
Tu auras fini.
Il aura fini.
Nous aurons fini.
Vous aurez fini.
Ils auront fini.

CONDITIONNEL PRÉSENT

Je finirais.
Tu finirais.
Il finirait.
Nous finirions.
Vous finiriez.
Ils finiraient.

CONDITIONNEL PASSÉ

J'aurais fini.
Tu aurais fini.
Il aurait fini.
Nous aurions fini.
Vous auriez fini.
Ils auraient fini.

(2ᵉ forme)

J'eusse fini, tu eusses fini, il eût fini, nous eussions fini, vous eussiez fini, ils eussent fini.

IMPÉRATIF

Point de 1ʳᵉ pers. du sing. ni de 3ᵉ pour les deux nombres.

Finis.
Finissons.
Finissez.

SUBJONCTIF

PRÉSENT OU FUTUR

Que je finisse.
Que tu finisses.
Qu'il finisse.
Que nous finissions.
Que vous finissiez.
Qu'ils finissent.

IMPARFAIT

Que je finisse.
Que tu finisses.
Qu'il finît.
Que nous finissions.
Que vous finissiez.
Qu'ils finissent.

PASSÉ

Que j'aie fini.
Que tu aies fini.
Qu'il ait fini.
Que nous ayons fini.

Que vous ayez fini.
Qu'ils aient fini.

PLUS-QUE-PARFAIT

Que j'eusse fini.
Que tu eusses fini.
Qu'il eût fini.
Que nous eussions fini.
Que vous eussiez fini.
Qu'ils eussent fini.

INFINITIF

PRÉSENT

Finir.

PASSÉ

Avoir fini.

PARTICIPE PRÉSENT

Finissant.

PASSÉ

Fini, finie, ayant fini.

Ainsi se conjuguent *avertir, guérir, ensevelir, unir, ternir, enrichir, embellir, adoucir, punir*, etc.

Le verbe *bénir* a deux participes : *bénit, bénite*, pour les choses consacrées par les prières de l'Eglise : *du pain bénit, de l'eau bénite*; il fait *béni, bénie*, partout ailleurs.

Haïr, qui se conjugue aussi sur ce verbe, fait, au présent de l'indicatif : *je hais, tu hais, il hait*, et à la seconde personne du singulier de l'impératif : *hais*.

Le verbe *fleurir*, employé au figuré, c'est-à-dire en parlant de la prospérité d'un empire, des sciences, etc., fait *il florissait* à la troisième personne de l'imparfait, et *florissant* au participe présent. Ex. : *L'empire des Assyriens florissait à cette époque*, et *florissant*, au participe présent.

XII. TROISIÈME CONJUGAISON EN *OIR*

INDICATIF

PRÉSENT

Je reçois.
Tu reçois.
Il reçoit.
Nous recevons.
Vous recevez.
Ils reçoivent.

IMPARFAIT

Je recevais.
Tu recevais.
Il recevait.
Nous recevions.
Vous receviez.
Ils recevaient.

PASSÉ DÉFINI

Je reçus.
Tu reçus.
Il reçut.
Nous reçûmes.
Vous reçûtes.
Ils reçurent.

PASSÉ INDÉFINI

J'ai reçu.
Tu as reçu.
Il a reçu.
Nous avons reçu.
Vous avez reçu.
Ils ont reçu.

PASSÉ ANTÉRIEUR

J'eus reçu.
Tu eus reçu.
Il eut reçu.
Nous eûmes reçu.
Vous eûtes reçu.
Ils eurent reçu.

PLUS-QUE-PARFAIT

J'avais reçu.
Tu avais reçu.
Il avait reçu.
Nous avions reçu.
Vous aviez reçu.
Ils avaient reçu.

FUTUR

Je recevrai.
Tu recevras.
Il recevra.
Nous recevrons.
Vous recevrez.
Ils recevront.

FUTUR ANTÉRIEUR

J'aurai reçu.
Tu auras reçu.
Il aura reçu.
Nous aurons reçu.
Vous aurez reçu.
Ils auront reçu.

CONDITIONNEL PRÉSENT

Je recevrais.
Tu recevrais.
Il recevrait.
Nous recevrions.
Vous recevriez.
Ils recevraient.

CONDITIONNEL PASSÉ

J'aurais reçu.
Tu aurais reçu.
Il aurait reçu.
Nous aurions reçu.
Vous auriez reçu.
Ils auraient reçu.

(2e forme)

J'eusse reçu, tu eusses reçu, il eût reçu, nous eussions reçu, vous eussiez reçu, ils eussent reçu.

IMPÉRATIF

Point de 1re pers. du sing. ni de 3e pour les deux nombres.

Reçois.
Recevons.
Recevez.

SUBJONCTIF

PRÉSENT OU FUTUR

Que je reçoive.
Que tu reçoives.
Qu'il reçoive.
Que nous recevions.
Que vous receviez.
Qu'ils reçoivent.

IMPARFAIT

Que je reçusse.
Que tu reçusses.
Qu'il reçût.
Que nous reçussions.
Que vous reçussiez.
Qu'ils reçussent.

PASSÉ

Que j'aie reçu.
Que tu aies reçu.
Qu'il ait reçu.
Que nous ayons reçu.
Que vous ayez reçu.
Qu'ils aient reçu.

PLUS-QUE-PARFAIT

Que j'eusse reçu.
Que tu eusses reçu.
Qu'il eût reçu.
Que nous eussions reçu.
Que vous eussiez reçu.
Qu'ils eussent reçu.

INFINITIF	PARTICIPE PRÉSENT
PRÉSENT	
Recevoir.	Recevant.
PASSÉ	PASSÉ
Avoir reçu.	Reçu, reçue, ayant reçu.

Ainsi se conjuguent *apercevoir, concevoir, percevoir, devoir, redevoir*, etc.

Devoir et *redevoir* prennent un accent circonflexe au participe masculin singulier : *dû, redû*.

XIII. QUATRIÈME CONJUGAISON EN *RE*

INDICATIF

PRÉSENT

Je rends.
Tu rends.
Il rend.
Nous rendons.
Vous rendez.
Ils rendent.

IMPARFAIT

Je rendais.
Tu rendais.
Il rendait.
Nous rendions.
Vous rendiez.
Ils rendaient.

PASSÉ DÉFINI

Je rendis.
Tu rendis.
Il rendit.
Nous rendîmes.
Vous rendîtes.
Ils rendirent.

PASSÉ INDÉFINI

J'ai rendu.
Tu as rendu.
Il a rendu.

Nous avons rendu.
Vous avez rendu.
Ils ont rendu.

PASSÉ ANTÉRIEUR

J'eus rendu.
Tu eus rendu.
Il eut rendu.
Nous eûmes rendu.
Vous eûtes rendu.
Ils eurent rendu.

PLUS-QUE-PARFAIT

J'avais rendu.
Tu avais rendu.
Il avait rendu.
Nous avions rendu.
Vous aviez rendu.
Ils avaient rendu.

FUTUR

Je rendrai.
Tu rendras.
Il rendra.
Nous rendrons.
Vous rendrez.
Ils rendront.

FUTUR ANTÉRIEUR

J'aurai rendu.
Tu auras rendu.
Il aura rendu.
Nous aurons rendu.
Vous aurez rendu.
Ils auront rendu.

CONDITIONNEL PRÉSENT

Je rendrais.
Tu rendrais.
Il rendrait.
Nous rendrions.
Vous rendriez.
Ils rendraient.

CONDITIONNEL PASSÉ

J'aurais rendu.
Tu aurais rendu.
Il aurait rendu.
Nous aurions rendu.
Vous auriez rendu.
Ils auraient rendu.

(2ᵉ forme.)

J'eusse rendu, tu eusses rendu, il eût rendu, nous eussions rendu, vous eussiez rendu, ils eussent rendu.

IMPÉRATIF

Point de 1ʳᵉ pers. du sing. ni de 3ᵉ pour les deux nombres.

Rends.
Rendons.
Rendez.

SUBJONCTIF

PRÉSENT OU FUTUR

Que je rende.

Que tu rendes.
Qu'il rende.
Que nous rendions.
Que vous rendiez.
Qu'ils rendent.

IMPARFAIT

Que je rendisse.
Que tu rendisses.
Qu'il rendît.
Que nous rendissions.
Que vous rendissiez.
Qu'ils rendissent.

PASSÉ

Que j'aie rendu.
Que tu aies rendu.
Qu'il ait rendu.
Que nous ayons rendu.
Que vous ayez rendu.
Qu'ils aient rendu.

PLUS-QUE-PARFAIT

Que j'eusse rendu.
Que tu eusses rendu.
Qu'il eût rendu.
Que nous eussions rendu.
Que vous eussiez rendu.
Qu'ils eussent rendu.

INFINITIF

PRÉSENT

Rendre.

PASSÉ

Avoir rendu.

PARTICIPE PRÉSENT

Rendant.

PASSÉ

Rendu, rendue, ayant rendu.

Ainsi se conjuguent *attendre, entendre, suspendre, vendre, défendre, confondre, répandre, répondre, tondre, tordre*, etc.

Parmi les verbes de cette conjugaison terminés en *dre*, il y en a qui, aux personnes du singulier, remplacent *ds, ds, d*, par *s, s, t* : *je joins, tu joins, il joint*. Ce sont ceux qui sont terminés à l'infinitif par *indre* ou par *oudre*, comme *peindre, craindre, absoudre, résoudre*, etc.

XIV. En parcourant le tableau des quatre conjugaisons, on a pu remarquer qu'il y avait des temps simples et d'autres composés du verbe *avoir*.

Dans les temps composés, le verbe *avoir* seul se conjugue ; le participe passé, *aimé, fini, reçu, rendu*, reste invariable.

Les temps simples sont le présent de l'indicatif, l'imparfait, le passé défini, le futur et le présent conditionnel.

Voici quelques-unes des principales règles qui s'y appliquent :

1º La première personne du singulier tantôt prend une *s* à la fin, tantôt n'en prend pas.

Pour ce qui regarde le présent de l'indicatif, la chose est réglée par l'usage.

Mais dans la première conjugaison en *er*, il faut observer que l'*s* distingue seule la première personne de l'imparfait de la première personne du passé défini, qui ne la prend pas.

Il en est de même du futur qui, dans toutes les conjugaisons, a une terminaison identique au présent conditionnel, sauf que le futur ne prend jamais d'*s*, tandis que le présent conditionnel en prend toujours une.

2º La seconde personne du singulier prend toujours une *s*. C'est une règle qui n'a qu'une seule exception, l'impératif des verbes en *er*, qui se termine par un *e* muet.

3° Quand la troisième finit par une voyelle, *e*, *u*, elle ne prend ni *s*, ni *t*; en tout autre cas, elle prend un *t* final.

4° Le pluriel de la première personne se fait toujours en *ons*; le pluriel de la seconde personne toujours en *ez*; (1) le pluriel de la troisième personne toujours en *nt*; excepté dans le parfait défini où il se fait en *mes*, *tes*, *rent*.

Il faut encore observer que l'impératif est toujours identique à l'indicatif présent, en ôtant les pronoms *tu*, *nous*, *vous*; l'imparfait se forme du participe présent, en changeant *ant* en *ais*.

XV. Le verbe se désigne toujours par son infinitif, et quand on veut trouver un verbe dans un dictionnaire, c'est toujours l'infinitif qu'il faut chercher. On dit le verbe *aimer*, le verbe *finir*, le verbe *rendre*, le verbe *recevoir*, etc.

XVI. On appelle verbes *irréguliers* les verbes qui ne suivent pas en tout la règle générale des conjugaisons.

Plusieurs de ces verbes ne sont pas usités à certains temps et certaines personnes; alors on les appelle *défectueux*.

---

(1) Il est très peu d'exceptions; on dit: *vous faites, vous dites*, au lieu de *vous faisez, vous disez*.

TABLE DES VERBES IRRÉGULIERS.

(Nous avons préféré l'ordre alphabétique à la division par 1re, 2e, 3e et 4e conjugaisons.)

ABSOUDRE. — *Indicatif.* J'absous, tu absous, il absout, nous absolvons, vous absolvez, ils absolvent.
Imparfait. J'absolvais.
Pas de passé défini, ni d'imparfait du subjonctif.
Futur. J'absoudrai.
Impératif. Absous, qu'il absolve, absolvons, etc.
Subjonctif. Que j'absolve, etc.
Participe présent. Absolvant.
— *passé.* Absous, absoute.

ABSTENIR (s'). — Voir *Tenir.*

ACCUEILLIR. — Voir *Cueillir.*

ACQUÉRIR. — *Indicatif.* J'acquiers, tu acquiers, il acquiert, nous acquérons, vous acquérez, ils acquièrent.
Imparfait. J'acquérais, etc.
Passé. J'acquis, etc.
Futur. J'acquerrai, etc.
Subjonctif. Que j'acquière, que nous acquérions, etc.
Imparfait. Que j'acquisse, etc.
Participe présent. Acquérant.
— *passé.* Acquis, acquise.

ALLER. — *Indicatif.* Je vais, tu vas, il va, nous allons, vous allez, ils vont.
Imparfait. J'allais.
Passé. J'allai.
Futur. J'irais.
Conditionnel. J'irai.

Impératif. Va, qu'il aille, allons, allez, qu'ils aillent.
Subjonctif. Que j'aille.
Imparfait. Que j'allasse.
Participe présent. Allant.
    »   *passé.* Allé, allée.

Asseoir (s'). — *Indicatif.* Je m'assieds, nous nous asseyons.
Imparfait. Je m'asseyais.
Passé. Je m'assis.
Futur. Je m'assierai *ou* je m'asseoirai.
Impératif. Assieds-toi, qu'il s'asseye.
Subjonctif. Que je m'asseye.
Imparfait. Que je m'assisse.
Participe présent. S'asseyant.
—   *passé.* Assis, assise.

Battre. — *Indicatif.* Je bats, tu bats, il bat, nous battons, vous battez, ils battent.
Imparfait. Je battais.
Passé. Je battis.
Futur. Je battrai, etc.
Participe présent. Battant.
—   *passé.* Battu, battue.

Boire. — *Indicatif.* Je bois, tu bois, il boit, nous buvons, vous buvez, ils boivent.
Imparfait. Je buvais.
Passé. Je bus.
Futur. Je boirai.
Subjonctif. Que je boive.
Imparfait. Que je busse.
Participe présent. Buvant.
Participe passé. Bu, bue.

Bouillir. — *Indicatif.* Je bous, tu bous, il bout, nous bouillons, vous bouillez, ils bouillent.

Imparfait. Je bouillais.
Futur. Je bouillirai.
Passé. Je bouillis.

BRAIRE. — Ne s'emploie qu'aux personnes et aux temps suivants :
Indicatif. Il brait, ils brayent.
Imparfait. Il brayait.
Futur. Je brairai, etc.
Conditionnel. Je brairais.
Impératif. Qu'il braie.

CEINDRE. — Tous les verbes en *aindre, eindre, oindre,* changent *nd* en *gn* devant *a, e, i, o* ; on dit donc vous *craignez,* ils *joignent,* nous *ceignons,* vous *plaignez.*

CLORE. — *Indicatif.* Je clos, tu clos, il clôt (sans pluriel).
Futur. Je clorai.
Conditionnel. Je clorais.
Les autres temps se conjuguent avec le verbe *avoir* et le participe *clos* : j'ai clos, j'avais clos.

CONCLURE. — *Indicatif.* Je conclus, tu conclus, il conclut, nous concluons, vous concluez, ils concluent.
Imparfait. Je concluais.
Passé. Je conclus.
Futur. Je conclurai, et non *concluerai,* une des fautes qui se reproduisent le plus fréquemment.
Subjonctif. Que je conclue.

CONDUIRE. — *Indicatif.* Je conduis, nous conduisons, vous conduisez, ils conduisent.
Imparfait. Je conduisais.
Passé. Je conduisis.
Futur. Je conduirai.

Subjonctif. Que je conduise.
Imparfait. Que je conduisisse.
Participe présent. Conduisant.
— *passé.* Conduit, conduite.

Confire. — *Indicatif.* Je confis, nous confisons.
Imparfait. Je confisais.
Passé. Je confis.
Futur. Je confirai.
Subjonctif. Que je confise.
Participe présent. Confisant.
— *passé.* Confit, ite.

Connaitre. — *Indicatif.* Je connais, nous connaissons.
Imparfait. Je connaissais.
Passé. Je connus.
Futur. Je connaîtrai.
Subjonctif. Que je connaisse.
Participe présent. Connaissant.
— *passé.* Connu.

Concourir. — Comme Acquérir.

Courir. — *Indicatif.* Je cours, tu cours, il court, nous courons, etc.
Imparfait. Je courais.
Passé. Je courus.
Futur. Je courrai.
Subjonctif. Que je coure.
Imparfait. Que je courusse.
Participe présent. Courant.
— *passé.* Couru.

(Les dérivés Accourir, Concourir, Secourir, se conjuguent de la même manière.)

Couvrir. — Voir Ouvrir et Offrir.

Coudre. — *Indicatif.* Je couds, nous cousons, etc.
Imparfait. Je cousais.
Passé. Je cousis.
Futur. Je coudrai.
Subjonctif. Que je couse.

Imparfait. Que je cousisse.
Participe présent. Cousant.
— *passé*. Cousu.

CROIRE. — *Indicatif*. Je crois, tu crois, il croit, nous croyons, vous croyez, ils croient.
Imparfait. Je croyais.
Passé. Je crus, nous crûmes, vous crûtes, ils crurent.
Futur. Je croirai.
Subjonctif. Que je croie.
Imparfait. Que je crusse.
Participe présent. Croyant.
— *passé*. Cru.

CROITRE. — *Indicatif*. Je crois, tu crois, il croît, nous croissons, vous croissez, ils croissent.
Imparfait. Je croissais.
Passé. Je crus.
Futur. Je croîtrai.
Subjonctif. Que je croisse.
Imparfait. Que je crusse.
Participe présent. Croissant.
— *passé*. Crû.

CUEILLIR. — *Indicatif*. Je cueille, nous cueillons, etc.
Imparfait. Je cueillais.
Passé. Je cueillis.
Futur. Je cueillerai.
Subjonctif. Que je cueille.
Imparfait. Que je cueillisse.
Participe présent. Cueillant.
— *passé*. Cueilli.

DÉCHOIR. — *Indicatif*. Je déchois, tu déchois, il déchoit, nous déchoyons, vous déchoyez, ils déchoient.
Passé. Je déchus.
Futur. Je décherrai.

Subjonctif. Que je déchoie, que nous déchoyions, etc.
Imparfait. Que je déchusse.
Participe passé. Déchu.
(Non usité dans les autres temps.)

Discourir. — Voir *Ouvrir*.

Défaillir. — Voir *Faillir*.

Devoir. — *Indicatif.* Je dois, tu dois, il doit, nous devons, vous devez, ils doivent.
Imparfait. Je devais.
Passé. Je dus.
Futur. Je devrai.
Subjonctif. Que je doive, que tu doives, qu'ils doivent.
Imparfait. Que je dusse.
Participe présent. Devant.
— *passé.* Dû, due.
(*Percevoir, apercevoir* se conjuguent identiquement.)

Dire — *Indicatif.* Je dis, tu dis, il dit, nous disons, vous dites, ils disent.
Imparfait. Je disais.
Passé. Je dis.
Futur. Je dirai.
Subjonctif. Que je dise.
Imparfait. Que je disse.
Participe présent. Disant.
— *passé.* Dit.
(Même conjugaison pour *redire.* — *Dédire, contredire, médire, prédire,* font : vous *contredisez*, vous *médisez*; *maudire,* fait : nous *maudissons,* vous *maudissez*.

Dissoudre. — Voir *Absoudre*.

Disparaitre. — Voir *Paraître*.

Dormir. — *Indicatif.* Je dors, tu dors, il dort, nous dormons, vous dormez, ils dorment.
Imparfait. Je dormais.
Passé. Je dormis.
Futur. Je dormirai.
Subjonctif. Que je dorme.
Imparfait. Que je dormisse.
Participe présent. Dormant.
— *passé.* Dormi.

Écrire. — *Indicatif.* J'écris, nous écrivons.
Imparfait. J'écrivais.
Passé. J'écrivis.
Futur. J'écrirai.
Subjonctif. Que j'écrive.
Imparfait. Que j'écrivisse.
Participe présent. Écrivant.
— *passé.* Écrit, écrite.

Échoir. — Comme *Déchoir.*

Éclore. — *Indicatif.* J'éclos, tu éclos, il éclôt, ils éclosent.
Futur. J'éclôrai.
Subjonctif. Qu'il éclose.
Participe passé. Éclos, éclose.
(Inusité dans les autres temps.)

Émouvoir. — Voyez *Mouvoir.*

Envoyer. — Irrégulier au *Futur* et au *Conditionnel :* J'enverrai, j'enverrais.

Exclure. — Voir *Conclure.*

Faire. — *Indicatif.* Je fais, tu fais, il fait, nous faisons, vous faites, ils font.
Imparfait. Je faisais.
Passé. Je fis.
Futur. Je ferai.
Subjonctif. Que je fasse.
Imparfait. Que je fisse.
Participe passé. Fait, faite.
— *présent.* Faisant.

(Observation. On trouve dans les vieux auteurs, nous *fesons*, je *fesais*, *fesant*.)

FAILLIR. — *Passé*. Je faillis.
    Temps composés. J'ai failli, j'avais failli.
    (Inusité aux autres temps.)

FALLOIR (impersonnel). *Indicatif*. Il faut.
    Imparfait. Il fallait.
    Passé. Il fallut, il a fallu.
    Futur. Il faudra.
    Subjonctif. Qu'il faille.
    Imparfait. Qu'il fallût.

FEINDRE. — Voir *ceindre*.

FLEURIR. — Régulier pour ce qui concerne l'éclosion des fleurs : *ex*., mes roses *ne fleurissent* pas bien; — irrégulier quand il veut dire : être dans un état brillant : *ex*., les lettres et les arts *florissaient* dans l'ancienne Grèce; le commerce moderne est *florissant*.

FRIRE. — N'a que *le futur* : je frirai.
    — *le conditionnel* : je frirais.
    — *le participe passé* : frit, frite.
    — *et les temps composés* : j'ai frit, j'avais frit, etc.
    On le conjugue avec le verbe *faire* : je fais frire.

FUIR. — *Indicatif*. Je fuis, etc., nous fuyons, vous fuyez, ils fuient.
    Imparfait. Je fuyais, nous fuyions, vous fuyiez, ils fuyaient.
    Passé. Je fuis.
    Futur. Je fuirai.
    Subjonctif. Que je fuie.
    Imparfait. Que je fuisse.

Participe présent. Fuyant.
— *passé.* Fui.

LIRE. — *Indicatif.* Je lis, tu lis, il lit, nous lisons, vous lisez, ils lisent.
Imparfait. Je lisais.
Passé. Je lus.
Futur. Je lirai.
Subjonctif. Que je lise.
Imparfait. Que je lusse.
Participe présent. Lisant.
— *passé.* Lu, lue.

LUIRE. — *Indicatif.* Il luit.
Imparfait. Il luisait.
Futur. Il luira.
Conditionnel. Il luirait.
Subjonctif. Qu'il luise.
Participe présent. Luisant.
— *passé.* Lui.
(Pas de passé défini, ni d'imparfait du subjonctif.

MENTIR.— *Indicatif.* Je mens, tu mens, il ment, nous mentons, vous mentez.
Imparfait. Je mentais.
Passé Je mentis.
Futur. Je mentirai.
Subjonctif. Que je mente.
Imparfait. Que je mentisse.
Participe présent. Mentant.
— *passé.* Menti.

METTRE. *Indicatif.* Je mets, tu mets, il met, nous mettons, vous mettez, ils mettent.
Imparfait. Je mettais.
Passé. Je mis.
Futur. Je mettrai.
Subjonctif. Que je mette.
Imparfait. Que je misse.

Participe présent. Mettant.
— *passé.* Mis, mise.

Moudre. — *Indicatif.* Je mouds, nous moulons, etc.
Imparfait. Je moulais.
Passé. Je moulus.
Futur. Je moudrai.
Subjonctif. Que je moule.
Imparfait. Que je moulusse.
Participe présent. Moulant.
— *passé.* Moulu.

Mourir. — *Indicatif.* Je meurs, tu meurs, il meurt, nous mourons, vous mourez, ils meurent.
Imparfait. Je mourais, nous mourions.
Passé. Je mourus.
Futur. Je mourrai.
Subjonctif. Que je meure.
Imparfait. Que je mourusse.
Participe présent. Mourant.
— *passé.* Mort, morte.

Mouvoir. — *Indicatif.* Je meus, tu meus, il meut, nous mouvons, vous mouvez, ils meuvent.
Imparfait. Je mouvais.
Passé. Je mus.
Futur. Je mouvrai.
Subjonctif. Que je mouve, etc.
Imparfait. Que je musse.
Participe présent. Mouvant.
— *passé.* Mu.

Naître. — *Indicatif.* Je nais, tu nais, il naît, nous naissons, vous naissez, ils naissent.
Imparfait. Je naissais.
Passé. Je naquis.
Futur. Je naîtrai.

Subjonctif. Que je naisse.
Imparfait. Que je naquisse.
Participe présent. Naissant.
— *passé.* Né.

Nuire. — *Indicatif.* Je nuis, nous nuisons, etc.
Imparfait. Je nuisais.
Passé. Je nuisis.
Futur. Je nuirai.
Subjonctif. Que je nuise.
Imparfait. Que je nuisisse.
Participe présent. Nuisant.
— *passé.* Nui.

Obtenir. — Voir *Tenir*.

Offrir. — *Indicatif.* J'offre, nous offrons.
Imparfait. J'offrais.
Passé. J'offris.
Futur. J'offrirai.
Subjonctif. Que j'offre.
Imparfait. Que j'offrisse.
Participe présent. Offrant.
— *passé.* Offert.

Ouïr. — Ne s'emploie qu'à l'infinitif, au participe passé et dans les temps composés : J'ai ouï, j'avais ouï.

Ouvrir. — *Indicatif.* J'ouvre. (Se conjugue comme *Offrir.*)

Paître. — *Indicatif.* Je pais, tu pais, il paît, nous paissons, vous paissez, ils paissent.
Imparfait. Je paissais.
Futur. Je paîtrai.
Subjonctif. Que je paisse.
Participe présent. Paissant.
(N'a pas de passé défini ni d'imparfait du subjonctif. — Le composé repaître fait *je repus* au parfait défini ; *que je repusse* à l'imparfait du subjonctif, et *repu* au participe passé.)

Paraître. — *Indicatif.* Je parais, tu parais, il paraît, nous paraissons, etc.
Imparfait. Je paraissais.
Passé. Je parus.
Futur. Je paraîtrai.
Subjonctif. Que je paraisse.
Imparfait. Que je parusse.
Participe présent. Paraissant.
— *passé.* Paru.

Parvenir. — Voir *Venir.*

Peindre. — Voir au verbe *Ceindre.*

Plaire. — *Indicatif.* Je plais, tu plais, il plaît, nous plaisons, etc.
Imparfait. Je plaisais.
Passé. Je plus.
Futur. Je plairai.
Subjonctif. Que je plaise.
Imparfait. Que je plusse.
Participe présent. Plaisant.
— *passé.* Plu.

Pleuvoir (impersonnel). — *Indicatif.* Il pleut.
Imparfait. Il pleuvait.
Passé. Il plut.
Futur. Il pleuvra.
Subjonctif. Qu'il pleuve.
Impératif. Qu'il plût.
Participe présent. Pleuvant.
— *passé.* Plu.

Pourvoir. — Se conjugue comme *Voir*, excepté au futur et au conditionnel, qui font : je pourvoirai, je pourvoirais.

Pouvoir. — *Indicatif.* Je puis ou je peux, tu peux, il peut, nous pouvons, vous pouvez, ils peuvent.
Imparfait. Je pouvais.
Passé. Je pus.
Futur. Je pourrai.

Subjonctif. Que je puisse.
Impératif. Que je pusse.
Participe présent. Pouvant.
— *passé.* Pu.

PRENDRE. — *Indicatif.* Je prends, etc., nous prenons, vous prenez, ils prennent.
Imparfait. Je prenais.
Passé. Je pris.
Futur. Je prendrai.
Subjonctif. Que je prenne, etc., que nous prenions, que vous preniez, qu'ils prennent.
Imparfait. Que je prisse.
Participe présent. — Prenant.
— *passé.* Pris.

PRÉVALOIR. — Voir *Valoir.*

QUÉRIR. — Ne s'emploie qu'à l'infinitif.

RECOURIR. — Voir *Courir.*

RECUEILLIR. — Voir *Cueillir.*

RELUIRE. — Voir *Luire.*

REMETTRE. — Voir *Mettre.*

RÉSOUDRE. — Comme *Absoudre*, excepté au *passé défini* : Je résolus ; à l'*imparfait du subjonctif :* Que je résolusse ; au *participe passé :* Résolu et résous ; ce dernier dans le sens de *réduire.*

REVÊTIR. — Voir *Vêtir.*

RIRE. — *Indicatif.* Je ris, tu ris, il rit, nous rions, vous riez, ils rient.
Imparfait. Je riais.
Passé. Je ris.
Futur. Je rirai.
Subjonctif. Que je rie, etc., que nous riions, que vous riiez, qu'ils rient.

Imparfait. Que je risse.
Participe présent. Riant.
— *passé.* Ri.

Rompre.—*Indicatif.* Je romps, tu romps, il rompt, nous rompons, vous rompez, ils rompent.
Imparfait. Je rompais.
Passé. Je rompis.
Futur. Je romprai.
Subjonctif. Que je rompe.
Imparfait. Que je rompisse.
Participe présent Rompant.
— *passé.* Rompu.

Saillir. — (Terme de haras) se conjugue régulièrement, mais seulement aux troisièmes personnes. — Saillir (*faire saillie*) et *Assaillir*, *Tressaillir*, se conjuguent comme *Cueillir*.

Savoir.—*Indicatif.* Je sais, tu sais, il sait, nous savons, vous savez, ils savent.
Imparfait. Je savais, nous savions, etc.
Passé. Je sus.
Futur. Je saurai.
Impératif. Sache, qu'il sache, sachons, sachez, qu'ils sachent.
Subjonctif. Que je sache, que nous sachions, que vous sachiez.
Imparfait. Que je susse.
Participe présent. Sachant.
— *passé.* Su.

Sentir.—*Indicatif.* Je sens, nous sentons, etc.
Imparfait. Je sentais.
Passé. Je sentis.
Futur. Je sentirai.
Subjonctif. Que je sente.
Imparfait. Que je sentisse.

Participe présent Sentant.
— *passé*. Senti.

SORTIR. — *Indicatif*. Je sors, nous sortons, etc.
(Le reste comme le précédent.)

SE SOUVENIR. — Voir *Venir*.

SUFFIRE. — *Indicatif*. Je suffis, nous suffisons, etc.
Imparfait. Je suffisais.
Passé. Je suffis.
Futur. Je suffirai.
Subjonctif. Que je suffise.
Imparfait. Que je suffisse.
Participe présent. Suffisant.
— *passé*. Suffi.

SUIVRE. — *Indicatif*. Je suis, tu suis, il suit, nous suivons, vous suivez, ils suivent.
Imparfait. Je suivais.
Passé. Je suivis.
Futur. Je suivrai.
Subjonctif. Que je suive.
Imparfait. Que je suivisse.
Participe présent. Suivant.
— *passé*. Suivi.

SURSEOIR. — *Indicatif*. Je sursois, etc., nous sursoyons, ils sursoient.
Imparfait. Je sursoyais.
Passé. Je sursis.
Futur. Je surseoirai.
Subjonctif. Que je surseoie.
Imparfait. Que je sursisse.
Participe présent. Sursoyant.
— *passé*. Sursis.

SE TAIRE. — *Indicatif*. Je me tais, etc., nous nous taisons, vous vous taisez, ils se taisent.
Imparfait. Je me taisais.
Passé. Je me tus.

Futur. Je me tairai.
Impératif. Tais-toi, qu'il se taise, taisez-vous.
Subjonctif. Que je me taise.
Imparfait. Que je me tusse.
Participe présent. Se taisant.
— *passé.* Tu.

TRAIRE. — *Indicatif.* Je trais, tu trais, il trait, nous trayons, vous trayez, ils traient.
Imparfait. Je trayais.
Futur. Je trairai.
Subjonctif. Que je traie.
Participe présent. Trayant.
— *passé.* Trait.
(Sans passé défini, ni imparfait du subjonctif.)

TENIR. — *Indicatif.* Je tiens, etc., nous tenons, vous tenez, ils tiennent.
Imparfait. Je tenais, nous tenions, etc.
Passé. Je tins.
Futur. Je tiendrai.
Subjonctif. Que je tienne, que nous tenions, qu'ils tiennent.
Imparfait. Que je tinsse.
Participe présent. Tenant.
— *passé.* Tenu.

TRESSAILLIR. *Indicatif.* Je tressaille, nous tressaillons.
Imparfait. Je tressaillais.
Passé. Je tressaillis.
Futur. Je tressaillirai.
Subjonctif. Que je tressaille.
Imparfait. Que je tressaillisse.
Participe présent. Tressaillant.
— *passé.* Tressailli.

Valoir. — *Indicatif.* Je vaux, tu vaux, il vaut, nous valons, vous valez, ils valent.
Imparfait. Je valais.
Passé. Je valus.
Futur. Je vaudrai.
Subjonctif. Que je vaille.
Imparfait. Que je valusse.
Participe présent. Valant.
— *passé.* Valu.

Venir. — Même conjugaison que *Tenir.*

Vêtir. — *Indicatif.* Je vêts, nous vêtons, etc.
Imparfait. Je vêtais (et non vêtissais.
Passé. Je vêtis.
Futur. Je vêtirai.
Subjonctif. Que je vête,
Imparfait. Que je vêtisse.
Participe présent. Vêtant.
— *passé.* Vêtu.

Vivre. — *Indicatif.* Je vis, nous vivons, vous vivez, ils vivent.
Imparfait. Je vivais.
Passé. Je vécus.
Futur. Je vivrai.
Subjonctif. Que je vive.
Imparfait. Que je vécusse.
Participe présent. Vivant.
— *passé.* Vécu.

Voir. — *Indicatif.* Je vois, tu vois, il voit, nous voyons, vous voyez, ils voient.
Imparfait. Je voyais, nous voyions, vous voyiez, etc.
Passé. Je vis, tu vis, nous vîmes, vous vîtes, etc.
Futur. Je verrai.
Subjonctif. Que je voie, que nous voyions, etc.

Imparfait. Que je visse.
Participe présent. Voyant.
— *passé.* Vu.

VOULOIR. — *Indicatif.* Je veux, tu veux, il veut, nous voulons, vous voulez, ils veulent.
Imparfait. Je voulais.
Passé. Je voulus, nous voulûmes, ils voulurent.
Futur. Je voudrai.
Subjonctif. Que je veuille, que nous voulions, que vous vouliez, qu'ils veuillent.
Impératif. Veuillez.
Imparfait. Que je voulusse.
Participe présent. Voulant.
— *passé.* Voulu.

OBSERVATIONS.

BÉNIR, verbe régulier, a une seconde forme du participe passé, *bénit, bénite*, qui s'emploie en parlant d'objets sanctifiés : *pain bénit, eau bénite*.

FAILLIR, signifiant *faire faillite*, se conjugue comme *finir*.

GÉSIR, vieux mot inusité, n'a laissé que les formes suivantes : *il gît, nous gisons, vous gisez, ils gisent, je gisais, gisant*.

BRUIRE ne s'emploie qu'à l'infinitif, à la 3e personne du singulier du présent de l'indicatif, *il bruit*, et à l'imparfait, *il bruyait, ils bruyaient*.

SOURDRE n'est usité qu'à l'infinitif et à la 3e personne du présent de l'indicatif : *Cette rivière sourd au bas d'une colline*.

VAINCRE fait à l'indicatif : *je vaincs, tu vaincs, il vainc*. Les autres temps sont réguliers. Le *c* se change en *q* devant une voyelle : *Nous vainquons, vous vainquez, ils vainquent*, mais il se conserve au participe passé : *vaincu*.

Nous ne marquons pas les verbes composés ; ils suivent la conjugaison de leurs simples : ainsi *permettre, admettre*, etc., se conjuguent comme le verbe simple *mettre*. *Dire* et *redire* font *vous dites, vous redites*, à la seconde personne du pluriel de l'indicatif présent, au lieu de *vous disez, vous redisez*. *Maudir* fait *vous maudissez*. Les autres composés de *dire* sont réguliers ; ainsi, *contredire* fait *vous contredisez*.

XVII. Dans un verbe il faut toujours considérer le *sujet* et le *régime*.

Un verbe affirmant une action, suppose toujours quelqu'un qui agit : c'est le *sujet*. On peut connaître facilement le sujet d'un verbe en posant la question : *Qui est-ce qui ?* faite avec le verbe. Ex. : *L'enfant s'amuse*. Qui est-ce qui s'amuse ? L'enfant. *L'enfant* est le sujet du verbe *s'amuser*. Le sujet est toujours représenté dans la conjugaison des verbes par les pronoms personnels *je, tu, il*.

La distinction des différentes sortes de verbes nous aidera à bien comprendre les acceptions différentes dans lesquelles peut être pris un *régime*.

XVIII. Outre les verbes auxiliaires *être* et *avoir*, il y a six sortes de verbes : les verbes *actifs, passifs, neutres, réfléchis, réciproques* et *impersonnels*.

XIX. On appelle verbe *actif* celui qui marque une action faite par le sujet, et après lequel on peut mettre *quelque chose* ou *quelqu'un*.

Aimer est un verbe actif, parce qu'on peut dire *aimer quelque chose, aimer quelqu'un*. De plus, quand je dis *Pierre aime Paul*, j'exprime une action faite par *Pierre* qui est le sujet.

Au contraire, les verbes *marcher, dormir*, ne sont pas actifs, parce qu'on ne peut pas dire *marcher quelqu'un, dormir quelque chose*, quoique ces verbes marquent une action faite par le sujet ; de même les verbes *être, devenir, paraître* ne sont pas actifs, parce qu'ils ne marquent pas d'action, quoiqu'on puisse dire *être quelque chose*.

Tous les verbes actifs ont un régime direct. Le régime direct est le mot qui répond à cette question *qui* ou *quoi*, faite avec le verbe. Ex. : *J'aime la musique*. J'aime quoi ? la musique. *Musique* est régime direct du verbe *j'aime*.

Les verbes actifs peuvent encore avoir un régime indirect. Le régime indirect est le mot qui répond à l'une de ces questions faites avec le verbe, *à qui ? à quoi ? de qui ? de quoi ?* Ex. : *Votre père a vendu sa maison à mon frère*. Il a vendu *quoi ?* sa maison ; *à qui ?* à mon frère. *Maison* est régime direct, et *frère* est régime indirect de *a vendu*.

XX. Tout verbe actif a un *passif*.

Le verbe passif est celui qui marque une action faite par son régime direct.

Le régime direct du verbe passif est le mot qui répond à la question *par qui? par quoi?* faite avec le verbe, quand même il y aurait *de* au lieu de *par* devant le mot.

Ex. : *Je suis aimé de mon père.* Aimé *par qui?* par mon père. Mon *père* est donc régime direct ; il fait l'action marquée par le verbe. Ainsi, *je suis aimé* est un verbe passif.

Le verbe passif est formé du participe passé que l'on conjugue avec l'auxiliaire *être* dans tous ses temps. Ainsi, avec les participes passés *aimé, connu, surpris,* qui viennent des verbes actifs *aimer, connaître, surprendre,* on fait les verbes passifs *être aimé, être connu, être surpris.*

On peut, sans déranger le sens d'une phrase, tourner un verbe actif en passif ou un verbe passif en actif. Ainsi l'on dira également : *Le printemps embellit la terre* ou *la terre est embellie par le printemps.*

XXI. Il n'y a qu'une conjugaison pour tous les verbes passifs.

INDICATIF

PRÉSENT

Je suis ⎫ aimé
Tu es ⎬ ou
Il *ou* elle est ⎭ aimée.
Nous sommes ⎫ aimés
Vous êtes ⎬ ou
Ils *ou* elles sont ⎭ aimées.

IMPARFAIT

J'étais ⎫ aimé
Tu étais ⎬ ou
Il *ou* elle était ⎭ aimée.
Nous étions ⎫ aimés
Vous étiez ⎬ ou
Ils *ou* elles étaient ⎭ aimées.

PASSÉ DÉFINI

Je fus   ⎫ aimé
Tu fus   ⎬ ou
Il ou elle fut ⎭ aimée.
Nous fûmes   ⎫ aimés
Vous fûtes   ⎬ ou
Ils ou elles furent ⎭ aimées.

PASSÉ INDÉFINI

J'ai été   ⎫ aimé
Tu as été   ⎬ ou
Il ou elle a été   ⎭ aimée.
Nous avons été   ⎫ aimés
Vous avez été   ⎬ ou
Ils ou elles ont été ⎭ aimées.

PASSÉ ANTÉRIEUR

J'eus été   ⎫ aimé
Tu eus été   ⎬ ou
Il ou elle eût été ⎭ aimée.
Nous eûmes été   ⎫
Vous eûtes été   ⎬ aimés
Ils ou elles eurent ⎭ ou
été   aimées.

PLUS-QUE-PARFAIT

J'avais été   ⎫ aimé
Tu avais été   ⎬ ou
Il ou elle avait été   ⎭ aimée.
Nous avions été   ⎫
Vous aviez été   ⎬ aimés
Ils ou elles avaient   ⎭ ou
été   aimées.

FUTUR

Je serai   ⎫ aimé.
Tu seras   ⎬ ou
Il ou elle sera   ⎭ aimée
Nous serons   ⎫ aimés
Vous serez   ⎬ ou
Ils ou elles seront   ⎭ aimées.

FUTUR ANTÉRIEUR

J'aurai été   ⎫ aimé
Tu auras été   ⎬ ou
Il ou elle aura été   ⎭ aimée.
Nous aurons été   ⎫ aimés
Vous aurez été   ⎬ ou
Ils ou elles auront   ⎭ aimées.
été

CONDITIONNEL PRÉSENT

Je serais   ⎫ aimé
Tu serais   ⎬ ou
Il ou elle serait   ⎭ aimée.
Nous serions   ⎫ aimés
Vous seriez   ⎬ ou
Ils ou elles seraient ⎭ aimées.

CONDITIONNEL PASSÉ

J'aurais été   ⎫
Tu aurais été   ⎬ aimé
Il ou elle aurait   ⎭ ou
été   aimée.
Nous aurions été   ⎫
Vous auriez été   ⎬ aimés
Ils ou elles auraient ⎭ ou
été   aimées.

PASSÉ (2e forme)

J'eusse été   ⎫ aimé
Tu eusses été   ⎬ ou
Il où elle eût été   ⎭ aimée.

Nous eussions été \
Vous eussiez été } aimés *ou* aimées.
Ils *ou* elles eussent été

IMPÉRATIF

oint de 1ʳᵉ pers. du sing. ni de 3ᵉ pour les deux nombres.

Sois } aimé *ou* aimée.

Soyons \
Soyez } aimés *ou* aimées.

SUBJONCTIF

PRÉSENT OU FUTUR

Que je sois \
Que tu sois \
Qu'il *ou* qu'elle soit } aimé *ou* aimée.

Que nous soyons \
Que vous soyez \
Qu'ils *ou* qu'elles soient } aimés *ou* aimées.

IMPARFAIT

Que je fusse \
ue tu fusses \
u'il *ou* qu'elle fût } aimé *ou* aimée.

Que nous fussions \
Que vous fussiez \
Qu'ils *ou* qu'elles fussent } aimés *ou* aimées.

PASSÉ

Que j'aie été \
Que tu aies été \
Qu'il *ou* qu'elle ait été } aimé *ou* aimée.

Que nous ayons été \
Que vous ayez été \
Qu'ils *ou* qu'elles aient été } aimés *ou* aimées.

PLUS-QUE-PARFAIT

Que j'eusse été \
Que tu eusses été \
Qu'il *ou* qu'elle eût été } aimé *ou* aimée.

Que nous eussions été \
Que vous eussiez été \
Qu'ils *ou* qu'elles eussent été } aimés *ou* aimées.

INFINITIF

PRÉSENT

Être aimé *ou* aimée.

PASSÉ

Avoir été aimé *ou* aimée.

PARTICIPE PRÉSENT

Étant aimé *ou* aimée.

PASSÉ

Ayant été aimé *ou* aimé

XXII. On appelle verbes *neutres* ceux qui ne marquent pas d'action, ou bien après lesquels on ne peut pas mettre *quelqu'un* ou *quelque chose*. *Marcher, dormir, parler* sont des verbes neutres, parce qu'on ne peut pas dire *marcher quelqu'un, parler quelque chose*. *Etre, devenir, sembler, paraître* sont des verbes neutres, parce qu'ils ne marquent pas d'action. Tous ces verbes s'appellent neutres, parce qu'ils ne sont ni actifs ni passifs.

Plusieurs verbes neutres peuvent avoir un régime. Le régime du verbe neutre est le nom ou pronom qui répond à l'une des questions *à qui? à quoi? de qui? de quoi?* Ex. : *Parler de quelqu'un, parler de quelque chose*.

La plupart des verbes neutres se conjuguent, comme les verbes actifs, avec l'auxiliaire *avoir* dans leurs temps composés. *Je dors, j'ai dormi, j'avais dormi, j'aurais dormi*.

Mais il y a des verbes neutres qui se conjuguent dans leurs temps composés avec l'auxiliaire *être*, comme *venir, arriver, tomber, aller, déchoir, décéder, entrer, sortir, mourir, naître, partir, rester, descendre, monter, passer*.

On dit alors au passé indéfini : *je suis tombé, tu es tombé, il est tombé, nous sommes tombés, vous êtes tombés, ils sont tombés;* au lieu de : *j'ai tombé, tu as tombé, il a tombé, nous avons tombé, vous avez tombé, ils ont tombé*; au plus-que-parfait, on dit : *j'étais tombé*, au lieu de : *j'avais tombé* ; au futur passé, *je serai tombé*, au lieu de : *j'aurai tombé* ; et au conditionnel passé, *je serais tombé* ; au passé du subjonctif, *que je sois tombé*, au lieu de *que j'aie tombé*.

Parmi les verbes neutres qui prennent l'auxiliaire *être*, il y en a qui peuvent devenir actifs, et qui prennent alors l'auxiliaire *avoir* et un régime direct. Dans cet exemple : *Etes-vous descendu ?* le verbe est neutre ; dans cet autre exemple : *avez-vous descendu mon livre ?* le verbe est devenu actif ; il a pris l'auxiliaire *avoir* et un régime direct.

XXIII. On appelle verbes *réfléchis* ceux dont le sujet et le régime sont la même personne ou la même chose, comme : *je me divertis, tu te flattes, il se blesse.*

XXIV. On appelle verbes *réciproques* ceux qui ont plusieurs sujets, lesquels font l'un sur l'autre la chose marquée par le verbe. Ainsi, quand on dit : *Jean et Paul se battent*, on fait entendre que *Jean bat Paul* et que *Paul bat Jean*.

XXV. Les verbes réfléchis et réciproques prennent, comme les verbes neutres dont nous avons parlé, l'auxiliaire *être* aux temps composés.

INDICATIF

PRÉSENT

Je me repens.
Tu te repens.
Il se repent.
Nous nous repentons.
Vous vous repentez.
Ils se repentent.

IMPARFAIT

Je me repentais, etc.

PASSÉ DÉFINI

Je me repentis, etc.

PASSÉ INDÉFINI

Je me suis repenti, etc.

PLUS-QUE-PARFAIT

Je m'étais repenti, etc.

FUTUR

Je me repentirai, etc.

FUTUR PASSÉ

Je me serai repenti, etc.

CONDITIONNEL PRÉSENT

Je me repentirais, etc.

CONDITIONNEL PASSÉ

Je me serais repenti, etc.

IMPÉRATIF

Repens-toi, etc.

SUBJONCTIF

PRÉSENT

Que je me repente, etc.

IMPARFAIT

Que je me repentisse, etc.

PASSÉ

Que je me sois repenti, etc.

PLUS-QUE-PARFAIT

Que je me fusse repenti, etc.

INFINITIF

PRÉSENT

Se repentir.

PASSÉ

S'être repenti.

PARTICIPE PRÉSENT

Se repentant.

PARTICIPE PASSÉ

Repenti, ie.

XXVI. Les pronoms *me, te, se, nous, vous,* qui servent de régime aux verbes réfléchis et réciproques, sont quelquefois régimes directs, comme dans ces mots : *Je me flatte*, c'est-à-dire *je flatte moi; tu te blesseras*, c'est-à-dire *tu blesseras toi*. Quelquefois ils sont régimes indirects, comme dans ces mots : *Je me fais une loi*, c'est-à-dire *je fais une loi à moi*.

Grand nombre de verbes actifs et neutres peuvent devenir réfléchis ou réciproques. C'est ainsi que du verbe actif *réjouir* et du verbe neutre *nuire*, on fait les verbes réfléchis *se réjouir, se nuire*, etc.

XXVII. On appelle verbe *impersonnel* celui qui ne s'emploie dans tous les temps qu'à la troisième personne du singulier, comme : *Il faut, il importe, il pleut*, etc. On le conjugue à cette troisième personne comme les autres verbes :

INDICATIF

PRÉSENT
Il faut.

IMPARFAIT
Il fallait.

PASSÉ DÉFINI
Il fallut.

PASSÉ INDÉFINI
Il a fallu.

PASSÉ ANTÉRIEUR
Il eût fallu.

PLUS-QUE-PARFAIT
Il avait fallu.

FUTUR
Il faudra.

FUTUR PASSÉ
Il aura fallu.

CONDITIONNEL PRÉSENT
Il faudrait.

CONDITIONNEL PASSÉ
Il aurait fallu.

SUBJONCTIF	PLUS-QUE-PARFAIT
PRÉSENT	Qu'il eût fallu.
Qu'il faille.	
	INFINITIF
IMPARFAIT	PRÉSENT
Qu'il fallût.	Falloir.
PASSÉ	PARTICIPE PASSÉ
Qu'il ait fallu.	Ayant fallu.

Le mot *il* ne marque un verbe impersonnel que lorsqu'on ne peut pas mettre un nom à sa place. Lorsqu'en parlant d'un enfant on dit *il joue*, le verbe *joue* n'est pas impersonnel, parce qu'à la place du mot *il* on peut mettre un nom et dire : *l'enfant joue*.

Plusieurs verbes actifs, neutres ou réfléchis, peuvent s'employer impersonnellement, comme *avoir*, *faire*, etc.

Ex. : *Il y a deux jours qu'il fait beau. Il est arrivé de grands malheurs. Il s'est fait un grand silence.*

CHAPITRE VI

LE PARTICIPE

I. Le participe est un mot qui tient du verbe et de l'adjectif, comme *aimant*, *aimé*. Il tient du verbe, parce qu'il en a la signification et les régimes : *aimant la musique, aimé de son père.* Il tient de l'adjectif, parce qu'il marque une qualité ou une manière d'être : *courage éprouvé, cœur aimant.*

II. Il y a deux sortes de participe : le participe *présent* et le participe *passé.*

III. Le participe présent, terminé en *ant*, est toujours invariable, c'est-à-dire qu'il ne prend ni genre ni nombre : *aimant, sentant, recevant.*

Il ne faut pas confondre avec le participe présent certains adjectifs verbaux (c'est-à-dire qui deviennent des verbes), on dit par exemple : *un homme obligeant, une femme obligeante;* ce ne sont pas des participes, parce qu'ils n'ont pas de régime. Mais quand je dis : *cette femme est d'un bon caractère, obligeant tout le monde quand elle le peut; obligeant* est ici participe, puisqu'il a le régime *tout le monde.* On dit cependant : *une maison à lui appartenante.*

IV. Les participes passés sont : *aimé, senti, reçu,* et autres semblables. Le participe *passé* est tantôt variable, tantôt invariable, c'est-à-dire que tantôt il est susceptible de prendre un genre et un nombre comme l'adjectif, et que tantôt il ne change ni de genre ni de nombre. Nous reviendrons sur les règles à cet égard.

CHAPITRE VII

L'ADVERBE

I. L'adverbe est un mot invariable, c'est-à-dire qui n'a ni genre ni nombre, dont on se sert pour modifier la signification d'un autre mot ou pour en exprimer quelque circonstance. Un adverbe peut modifier la signification de trois sortes de mots :

1º D'un verbe, comme *cette femme chante* BIEN ;

2º D'un adjectif, comme *cette personne est* BIEN *sage ;*

3º D'un autre adverbe, comme *cet enfant écrit* BIEN *mal.*

Dans le premier exemple, l'adverbe *bien* modifie le verbe *chante ;* dans le second, il modifie l'adjectif *sage ;* dans le troisième, il modifie l'adverbe *mal.*

La principale fonction de ce mot étant de modifier la signification du verbe, on le nomme *adverbe*, ce qui signifie *joint au verbe.*

II. Il y a des adverbes qui marquent la manière ; ils sont presque tous terminés en *ment*, et ils se forment des adjectifs, comme *sagement*, de *sage ; poliment*, de *poli*, etc.

Il y a des adverbes qui marquent l'ordre, comme *premièrement, secondement, d'abord, ensuite, auparavant, successivement, ensemble.*

Il y a des adverbes qui marquent le lieu, comme *où, ici, là, y, ça, deçà, au delà, dessus, partout, auprès, loin, dedans, dehors, ailleurs, devant, derrière.*

Il y a des adverbes de temps, comme *hier, demain, aujourd'hui, autrefois, bientôt, souvent, toujours, rarement, jamais.*

Il y a des adverbes de quantité, comme *beaucoup, peu, assez, trop, tant.*

Il y a des adverbes d'affirmation comme *oui, certes, assurément;* de négation : *non, point, nullement.*

Enfin, il y a des adverbes de comparaison, comme *plus, moins, aussi, autant.*

Il y a des adverbes, ou locutions adverbiales, composés de plusieurs mots, tels que *à contre-temps, mal à propos, tout à coup, pêle-mêle, tour à tour.*

III. Les adverbes n'ont jamais de régime.

IV. Beaucoup d'adverbes ont, comme les adjectifs, les trois degrés de signification, le *positif*, le *comparatif* et le *superlatif*. Le comparatif et le superlatif se forment dans les adverbes comme dans les adjectifs. On dit *vivement, plus vivement, moins vivement, aussi vivement, très-vivement, le plus vivement; grandement, plus grandement, moins grandement, aussi grandement, très-grandement, le plus grandement,* etc.

Mieux est le comparatif de *bien* ; *pis* est le comparatif de *mal*; on peut dire cependant *pis* ou *plus mal, le pis* ou *le plus mal.*

CHAPITRE VIII.

LA PRÉPOSITION

I. La préposition est un mot invariable qui se place devant les régimes indirects des verbes et autres mots, et qui sert à marquer le rapport des mots qu'elle rattache l'un à l'autre. Par exemple, quand je dis le *fruit de l'arbre*, la préposition *de* marque le rapport qu'il y a entre *fruit* et *arbre*.

II. Les prépositions n'ont par elles-mêmes qu'un sens incomplet; elles ont toujours un régime qui en complète la signification, et elles s'appellent prépositions parce qu'elle se mettent devant le mot qui en est le régime.

III. Il y a des prépositions pour marquer la place ou le lieu, *à, dans, en, de, chez, devant, après, derrière, parmi, sur, sans, vers.*

Il y a des prépositions pour marquer l'ordre : *avant, entre, dès, depuis, jusque, presque.*

Il y a des prépositions pour marquer l'union : *avec, pendant, durant, outre, selon, suivant.*

Il y a des prépositions pour marquer la séparation : *sans, hormis, hors, excepté.*

Il y a des prépositions pour marquer l'opposition : *contre, malgré, nonobstant.*

Il y a des prépositions pour marquer le but : *envers, touchant, pour.*

Il y a des prépositions pour marquer la cause, le moyen : *par, moyennant, attendu.*

La même préposition peut exprimer des rapports bien différents ; comme dans les phrases suivantes :

1º Votre père est DANS son jardin ;

2º Je vous verrai DANS trois jours ;

3º J'ai trouvé votre mère DANS le chagrin.

Dans la première phrase, la préposition *dans* marque un rapport de lieu ; dans la seconde, un rapport de temps ; dans la troisième, un rapport d'état, de situation. Le premier *dans* répond à la question *où ?* le second, à la question *quand ?* le troisième, à la question *comment ?*

DE et A sont les prépositions qui expriment le plus de rapports différents : il y a dans le dictionnaire de l'Académie trente articles sur la préposition *à* seulement.

La préposition *de* sert :

1º A spécifier la manière dont une chose est faite ou la source d'où elle provient :

Une tabatière DE *or, une table* DE *marbre, un trait* DE *courage, un acte* DE *vertu;*

2° A marquer un rapport d'appartenance : *Le livre* DE *Pierre, le fils* DE *mon ami, le pied* DE *la table;*

3° A marquer un rapport de temps : *Il est parti* DE *jour, il est arrivé* DE *nuit.*

4° A marquer un rapport de lieu : *Il est parti* DE *Lyon, nous revenons* DE *Paris;*

5° A marquer le moyen, la cause, etc. : *Vivre* DE *fruits,* DE *légumes ; mourir* DE *chagrin, pleurer* DE *joie.*

La préposition *à* sert ;

1° A marquer un rapport d'attribution : *Cette maison est* A *moi. Portez ce livre* A *votre père;*

2° A marquer le lieu : *Nous demeurons* A *Paris. Vous vivez* A *la campagne ;*

3° A marquer un rapport d'ordre : *Ils vont deux* A *deux. Ils marchent côte* A *côte ;*

4° A marquer l'état d'une chose ou la manière dont une chose se fait : *Il est* A *son aise. Elle est* A *plaindre. De l'or* A *dix-huit carats. Travailler* A *la journée. Bouillir* A *gros bouillons. Sauter* A *pieds joints,* etc.

5° A marquer à quoi une chose est bonne, à quoi elle est destinée : *Encre* A *écrire, cire* A *cacheter, bois* A *brûler, chambre* A *coucher, salle* A *manger,* etc.

CHAPITRE IX

LA CONJONCTION

I. La conjonction est un mot invariable qui sert à joindre ensemble plusieurs mots ou plusieurs membres d'une phrase. Quand on dit : *il pleure et il rit en même temps*, le mot *et* sert à joindre la première phrase *il pleure* avec la seconde *il rit*. Quand on dit : *il faut que j'étudie*, le mot *que* joint la première phrase *il faut*, avec la seconde *j'étudie*.

II. Les principales conjonctions sont :

1° Pour marquer la liaison : *et, ni, aussi, que*;

2° Pour marquer opposition : *mais, cependant, néanmoins, pourtant*;

3° Pour marquer division : *ou, ou bien, soit*;

4° Pour marquer exception : *sinon, quoique*;

5° Pour comparer : *comme, de même que, ainsi que*;

6° Pour ajouter : *de plus, d'ailleurs, outre que, encore*;

7° Pour rendre raison : *car, parce que, puisque, vu que*;

8° Pour marquer l'intention : *afin que, de peur que*;

9° Pour conclure : *or, donc, ainsi, de sorte que*;

10° Pour marquer le temps : *quand, lorsque, comme, dès que, tandis que*;

11° Pour marquer le doute : *si, supposé que, pourvu que, en cas que*;

Il y a encore plusieurs autres conjonctions que fera connaître l'usage. On voit qu'il y a des conjonctions composées de plusieurs mots.

III. La conjonction la plus ordinaire est *que* : ce qui la distingue du *que* relatif ou interrogatif, c'est qu'elle ne peut pas se tourner par *quel, lequel, laquelle*.

CHAPITRE X

L'INTERJECTION

L'interjection est un mot invariable qui sert à marquer les diverses sensations de l'âme, tels que la joie, la douleur, l'admiration, etc.

La joie : *ah ! bon !*
La douleur : *aie ! ho ! hélas !*
La crainte : *ha ! hé !*
L'aversion : *fi ! fi donc !*

L'admiration : *oh !*
Pour encourager : *çà ! allons ! courage !*
Pour appeler : *holà ! hé !*
Pour faire taire : *chut ! paix !*

CHAPITRE XI

LES SIGNES ORTHOGRAPHIQUES

I. L'orthographe est la manière d'écrire correctement tous les mots d'une langue.

II. Pour bien mettre l'orthographe, jusqu'à ce que l'on ait acquis une habitude sûre, il faut s'en référer au dictionnaire, livre qui contient, par ordre alphabétique, tous les mots d'une langue, et indique à la fois la façon dont ils s'écrivent et dont ils se modifient suivant leur nombre ou leur genre, et leur temps s'il s'agit d'un verbe, et leur signification.

III. Outre les lettres, les signes en usage dans l'orthographe, et qu'il faut connaître, sont : l'*accent*, l'*apostrophe*, le *tréma*, le *trait d'union*, la *cédille*, la *parenthèse*, et les *guillemets*.

IV. L'ACCENT. Il y a trois sortes d'accents : l'accent aigu ('), qui se met sur les *é* fermés, comme dans *bonté*, *café*, etc. ; l'accent grave (`), qui se met sur les *è* ouverts, comme dans *père, succès, fièvre,* etc.; l'accent circonflexe, qui se met sur la plupart des voyelles longues, comme dans *poêle, tempête, tête, gîte, flûte,* etc.

On ne met point l'accent aigu sur les *e* fermés suivis d'un *z*, comme *venez, vous partirez*; ni sur les *e* fermés suivis d'un *r*, comme *aimer, travailler* et les autres infinitifs de la première conjugaison. On ne le met point non plus sur l'article pluriel *les* dont l'*e* est ferme.

L'*e* ouvert ne prend l'accent grave ou circonflexe que lorsqu'il est la dernière lettre de la syllabe, non-seulement dans l'écriture mais encore dans la prononciation. Ainsi, dans les mots *perte, sexe*, l'*e* quoique ouvert ne prend point d'accent, parce qu'en écrivant le premier mot on épelle *per-te*, et en prononçant le dernier on l'épelle comme s'il y avait *sec-se*. Il en est de même du premier dans *exemple*, qui se prononce *eg-zem-ple*.

L'accent se met encore sur *à* préposition, sur *où* pronom, sur *là* adverbe.

L'accent circonflexe se met encore sur *dû* participe de *devoir*; sur *nôtre, vôtre*, quand ils ne sont pas suivis d'un substantif; sur la première et la seconde personne du pluriel du passé défini : *nous crûmes, vous partîtes*; enfin, sur la troisième personne du singulier de l'imparfait du subjonctif dans tous les verbes : *qu'il entendît, qu'il devînt.*

V. L'APOSTROPHE (') marque le retranchement d'une de ces trois lettres *a*, *e*, *i*, et empêche de confondre deux mots en un seul. On ne l'emploie que devant une voyelle ou une *h* muette.

Voici les mots qui admettent l'apostrophe :
Le, la : *l*'épervier, *l*'hirondelle.
Je, me : *j*'aime l'étude et *m*'y livre.
Te, ce : je *t*'assure que *c*'est un mal.
Se, de : *s*'enivrer *d*'orgueil.
Ne, que : il *n*'y a *qu*'un moment.

L'*i* ne prend l'apostrophe que devant *il* ou *ils* : *s*'il part, *s*'ils arrivent.

Quelque prend l'apostrophe devant *un*, *autre* : *quelqu*'un, *quelqu*'autre.

Entre la prend quelquefois devant *eux*, *elles*, *autres*, et aux verbes : *entr*'ouvrir, etc.

Jusque la prend ordinairement devant *à*, *au*, *aux*, *ici* : *jusqu*'à Paris, *jusqu*'ici.

VI. LE TRÉMA. On appelle ainsi deux points (¨) que l'on place sur les voyelles *e*, *i*, *u*, précédées d'une autre voyelle, quand ces lettres doivent être prononcées séparément de la voyelle qui précède ; comme *naïf*, *ciguë*. Sans le tréma on prononcerait *naif*, comme *nef*, et la dernière syllabe de *cigue* comme celle de *sigue*.

Quand l'une des deux voyelles qui se suivent peut être accentuée, le tréma devient inutile et l'on met l'accent ; ainsi l'on écrira *réussir* et non *reüssir*, *poète* et non *poëte*, bien que l'Académie préfère ce dernier.

VII. Le TRAIT D'UNION (-) se met entre les verbes et les pronoms monosyllabes qui en sont régimes ou sujets, quand ces pronom sont placés après le verbe, comme : *irai-je, souvenez-vous, donnez-lui.*

On met encore le trait d'union entre deux mots tellement joints ensemble qu'ils n'en font plus qu'un : *chef-d'œuvre, avant-coureur; celui-ci, lui-même.*

On le met aussi entre *très* et l'adjectif ou l'adverbe qui suit : *très-beau, très-bien.*

On le met pour remplacer la conjonction *et* dans l'expression des nombres : *dix-huit, vingt-cinq.*

VIII. La CÉDILLE (ç) est un signe qui se met sous le *c* devant *a, o, u,* pour avertir qu'il doit avoir le son de deux *ss,* comme dans *façon, leçon, reçu.*

IX. On appelle PARENTHÈSES deux crochets ( ) entre lesquels on renferme quelques mots détachés, ou qui constituent une phrase incidente sur laquelle on veut appeler l'attention.

X. Les GUILLEMETS («) se placent devant le premier mot — « — et après le dernier mot — » — d'un discours, ou d'un fragment de livre cité.

DEUXIÈME PARTIE

La Syntaxe

I. La *syntaxe* est la manière de joindre les mots ensemble et de régler leurs rapports.

II. Plusieurs mots joints ensemble de façon à présenter un sens complet, forment une *phrase*, ou *proposition*.

III. D'une façon générale, on divise la syntaxe en syntaxe d'accord et syntaxe de régime. La syntaxe d'accord est celle par laquelle un mot s'accorde avec un autre mot en genre, en nombre, etc. ; la syntaxe de régime est celle par laquelle un mot dépendant d'un autre mot se rattache au mot qui le régit.

CHAPITRE I

SYNTAXE D'ACCORD

I. La règle générale est que tous les mots variables s'accordent en genre et en nombre, suivant leurs modes divers, avec le substantif auquel ils se rapportent ; c'est-à-dire que si ce substantif est singulier, ou pluriel, ou masculin, ou féminin, l'adjectif, le pronom, le verbe qui s'y rapportent doivent être pareillement au singulier ou au pluriel, au masculin ou au féminin.

Nous avons déjà vu que cet accord avec le substantif auquel il se rapporte est l'essence même de l'article, qui sert précisément à désigner le genre et le nombre du substantif.

Nous allons examiner maintenant cette règle dans ses applications diverses à l'adjectif, au pronom, au verbe, au participe.

II. Elle s'applique d'une façon absolue aux adjectifs qui supposent toujours un substantif qu'ils servent à qualifier, dans les cas où ils sont employés substantivement par la généralisation du sens qu'ils indiquent, comme le *vrai*, le *beau*, l'*utile*.

Tout adjectif doit donc s'accorder avec le substantif auquel il se rapporte : c'est-à-dire qu'il doit être du même genre et du même nombre.

Ex. : *Le bon père, la bonne mère*. Bon est au masculin et au singulier, parce que *père* est du masculin et du singulier. Bonne est au féminin et au singulier, parce que *mère* est du féminin et du singulier.

Les beaux jardins, les belles fleurs. Beaux est au masculin et au pluriel, parce que *jardins* et du masculin et du pluriel. Belles est au féminin et au pluriel, parce que *fleurs* est du féminin et du pluriel.

Quand un adjectif se rapporte à deux substantifs singuliers, on met cet adjectif au pluriel, parce que deux singuliers valent un pluriel; et si les deux noms sont de différents genres, on met l'adjectif au masculin.

Ex. : *Le riche et le pauvre sont* ÉGAUX *devant la mort. Mon père et ma mère sont* CONTENTS.

Cette règle a une exception, qui appartient plus à l'usage déterminé par l'harmonie (on dit aussi *euphonie* de deux mots grecs qui veulent dire *douce consonnance*) et l'élégance, qu'à la grammaire.

Si l'adjectif suit deux substantifs de genre ou de nombre différents auxquels il se rapporte, et que cet adjectif ne se prononce pas au masculin comme au féminin, au singulier comme au pluriel, il ne s'accorde qu'avec le dernier des substantifs; mais il est sous-entendu après le premier.

Ex. : *Il a montré un courage et une adresse* ÉTONNANTE. *Ce soupçon se répandit dans tout le camp et y excita des plaintes et un mécontentement* GÉNÉRAL.

Mais l'adjectif ainsi placé s'accorde suivant la règle, si cet accord ne change pas la prononciation de l'adjectif. Ex. : *La liberté et la félicité* PUBLIQUES. *Sa vie et son bonheur étaient* ATTACHÉS *au succès.*

Par suite, cependant, on trouve bien souvent, dans les écrivains, l'adjectif accordé seulement avec le dernier des noms, sans que ce soit une faute. C'est ainsi que Fénelon écrit : *Elle trouvait une noblesse et une grandeur étonnante dans ce jeune homme.*

III. Les pronoms doivent toujours être du même genre, du même nombre et de la même personne que les mots qu'ils représentent et dont ils tiennent la place.

Les pronoms de la première personne, *je, me, moi, nous,* et ceux de la seconde personne *tu, te, toi, vous* sont des deux genres : ils se disent donc également si c'est un homme ou une femme qui parle ou à qui l'on parle. Mais, suivant le nombre de la personne qui parle ou à qui l'on parle, on met *je* singulier ou *nous* pluriel, *tu* singulier ou *vous* pluriel.

Le tutoiement ne s'emploie plus qu'entre égaux, ou de supérieur à inférieur, de vieillard à enfant, de monarque à sujet (dans certaines contrées seulement).

Les pronoms de la troisième personne doivent toujours être du même genre et du même nombre que le nom dont ils tiennent la place. Ainsi en parlant d'un homme, on dit : IL *est là, je* LE *vois ;* et en parlant d'une femme : ELLE *est là, je* LA *vois.* En parlant de plusieurs hommes, on dit *ils,* et en parlant de plusieurs femmes on dit *elles.* En parlant d'un homme on dit, *je travaille pour* LUI, et en parlant d'une femme, *je travaille pour*

ELLE. Cependant *lui* est des deux genres quand il se trouve dans le corps de la phrase : *je* LUI *parlerai* peut signifier *je parlerai* A LUI ou *je parlerai* A ELLE.

Les pronoms démonstratifs *ce, cet, cette,* etc. s'accordent comme de véritables adjectifs.

Un pronom possessif se rapporte toujours à deux substantifs, à celui qui désigne le possesseur et à celui qui désigne l'objet possédé. Il s'accorde avec le possesseur pour le rang de la personne seulement. Ainsi, si le possesseur est la personne qui parle, on dit *mon, ma, mes, le mien, la mienne*, etc.; si le possesseur est la personne à qui l'on parle, on dit *ton, ta, tes, le tien, la tienne*, etc.; si le possesseur est la personne de qui l'on parle, on dit *son, sa, ses, le sien, la sienne*, etc. Ensuite, il s'accorde en genre et en nombre avec l'objet que l'on possède : *mon bien, ma maison, mes amis, ton père, ta mère, tes frères, tes sœurs.*

Un pronom possessif peut indiquer les rapports suivants :

Unité de possesseur et unité de possession ;

Unité de possesseur et pluralité de possession ;

Pluralité de possesseurs et unité de possession ;

Pluralité de possesseurs et pluralité de possessions.

Mon, ma, ton, ta, son, sa, Le mien, la mienne, Le tien, la tienne, Le sien, la sienne,	marquent unité de possesseur et unité de possession : MON *livre* signifie LE LIVRE *qui est à* MOI, TA *maison* signifie LA MAISON *qui est à* TOI.
Mes, tes, ses, Les miens, les miennes, Les tiens, les tiennes, Les siens, les siennes,	marquent unité de possesseur et pluralité de possession : MES *livres*, SES *maisons;* cela signifie LES LIVRES *qui sont à* MOI, LES MAISONS *qui sont à* LUI *ou à* ELLE.
Notre, votre, leur, Le nôtre, le vôtre, le leur, La vôtre, la nôtre, la leur,	marquent pluralité de possesseurs et unité de possession : NOTRE *maison,* VOTRE *château,* LEUR *jardin;* cela signifie LA MAISON *qui est à* NOUS, LE CHATEAU *qui est à* VOUS, LE JARDIN *qui est à* EUX *ou à* ELLES.
Nos, vos, leurs, Les nôtres, les vôtres, les leurs,	marquent pluralité de possesseurs et pluralité de possessions : NOS *parents,* VOS *frères,* LEURS *sœurs;* cela signifie LES PARENTS *de* NOUS, LES FRÈRES *de* VOUS, LES SŒURS *d'*EUX *ou d'*ELLES.

Un pronom s'accorde avec un contendant en genre, en nombre et en personne.

On sait que *qui, que, dont* sont des deux genres et des deux nombres ; mais l'accord modifie suivant le genre et le nombre : *lequel, laquelle, lesquels, lesquelles.*

IV. Tout verbe doit être du même nombre et de la même personne que son sujet.

Ex. : *Je parle : parle* est du nombre singulier et de la première personne. *Vous voyez : voyez* est du nombre pluriel et de la seconde personne, parce que *vous*, son sujet, est du pluriel et de la seconde personne.

Quand un verbe a deux sujets singuliers, on met ce verbe au pluriel : *mon père et ma mère sont bons.*

Si les sujets sont de différentes personnes, on met le verbe au pluriel et à la personne qui l'emporte sur les autres : la première personne l'emporte sur la seconde, et la seconde l'emporte sur la troisième.

EXEMPLES :

Toi,
Lui
Et moi,
} RESTERONS ici ; et mieux, *nous* RESTERONS ici.

Vous,
Votre femme,
Vos enfants
Et moi,
} REVIENDRONS demain ; et mieux, *nous* REVIENDRONS demain.

Toi, Ta femme Et tes enfants,	IREZ à la campagne; et mieux, *vous* IREZ à la campagne.
Vous, Vos fils Et vos filles,	CONNAISSEZ cette personne; et mieux, *vous* CONNAISSEZ cette personne.

Le sujet d'un verbe est souvent le pronom relatif *qui* : en ce cas, il faut examiner avec attention quel est l'antécédent de ce pronom, et, s'il se rapporte à deux substantifs, il faut mettre le verbe au pluriel. Ainsi l'on dit : *c'est moi qui ait fait cela. C'est toi qui as perdu. C'est mon père et ma mère qui sont venus.*

Quand un verbe a pour sujet un substantif collectif, on le met, suivant les circonstances, soit au singulier, soit au pluriel.

On appelle collectif un mot qui, quoique au singulier, présente à l'esprit l'idée de plusieurs personnes ou de plusieurs choses comme réunies et formant une collection. On distingue deux sortes de collectifs : les collectifs généraux, comme *une armée, un peuple, le monde, une forêt, un troupeau,* etc.; et les collectifs partitifs, c'est-à-dire ceux qui n'expriment qu'une collection partielle, comme *une infinité de, une multitude de, une foule de, la plupart de, une partie de, la plus grande partie de*; ou bien quelques mots qui expriment la quantité, comme *beaucoup, peu, assez, moins, plus, trop, combien, tant.*

Voici les règles qu'il faut observer à l'égard des verbes qui ont pour sujet un substantif collectif :

1º Le collectif général, ou seul, ou accompagné d'un nom singulier ou pluriel, veut le verbe qui suit au singulier : *Le peuple* SERA *content, l'armée* EST *en campagne. La forêt* A ÉTÉ *coupée. Mon troupeau s'*EST *égaré. L'armée des ennemis* EST *en déroute. Un troupeau de moutons* EST *facile à conduire.*

2º Le collectif partitif, accompagné d'un nom singulier, veut le verbe qui suit au singulier : *La plupart du monde* NÉGLIGE *de s'instruire. La plupart de son temps* EST *mal employé. Beaucoup de monde* ÉTAIT *entré. Peu de monde* CONVIENT *de cela.*

3º Le collectif partitif, accompagné d'un nom pluriel, veut le verbe qui suit au pluriel : *La plupart des enfants* SONT *légers. Une infinité de gens* DISENT *que.... La plus grande partie de vos livres* SONT *précieux. Beaucoup de personnes* VOUDRAIENT *savoir, mais peu* (sous-entendu *de personnes*) VEULENT *apprendre.*

4º Les mots *une infinité, la plupart*, employés seuls, veulent le verbe au pluriel : *Une infinité* FURENT *du même avis ; la plupart s'en* ALLÈRENT.

Le pronom personnel *vous*, employé pour

tu, veut le verbe au pluriel, mais l'adjectif suivant reste au singulier. Ex. : *Vous êtes très-bon.*

Ce, devant le verbe *être*, veut ce verbe au singulier, excepté quand il est suivi de la troisième personne pluriel. On dit: *c'est moi, c'est toi, c'est lui, c'est vous, c'est nous*; mais il faut dire : *ce sont eux, ce sont elles.* On dit aussi : *ce sont nos, ce sont vos.*

V. Nous avons dit que le participe présent est invariable, c'est-à-dire qu'il ne prend ni genre, ni nombre. Le participe passé est tantôt invariable, tantôt variable, c'est-à-dire que tantôt il s'accorde en genre et en nombre comme un adjectif, et que tantôt il ne change ni de genre ni de nombre.

L'accord du participe passé dépend de la manière dont il se présente dans la phrase :

1º Quand le participe passé se trouve seul, sans être joint ni au verbe *être*, ni au verbe *avoir*, il doit être considéré comme un simple adjectif, et s'accorde en genre et en nombre avec le nom ou pronom auquel il se rapporte, comme : *une personne aimée, une terre cultivée.*

2º Le participe passé, quand il est accompagné du verbe *être*, comme dans tous les temps des verbes passifs et dans certains temps composés des verbes neutres, s'accorde toujours avec son sujet. Ex. : *la pluie* est tombée, la vertu a été récompensée, les nouvelles sont arrivées.

3° Le participe passé, dans les temps composés des verbes neutres qui prennent l'auxiliaire *avoir* et de tous les verbes impersonnels ou pris impersonnellement, reste toujours invariable, et ne change ni de genre ni de nombre. Ex. : *les grandes chaleurs qu'il a fait cette année ont cessé tout à coup.*

4° Le participe passé, dans les temps composés de tous les verbes actifs, réfléchis et réciproques, s'accorde avec son régime direct quand il est précédé, dans la phrase, de ce régime direct : s'il n'en est pas précédé, il reste invariable et ne change ni de genre ni de nombre; il reste pareillement invariable s'il n'a pas de régime direct. Ainsi on écrit : *j'ai chanté, j'ai chanté une chanson, la chanson que j'ai chantée. J'ai reçu des nouvelles, les nouvelles que j'ai reçues ; je lui ai prêté des livres, les livres que je lui ai prêtés.*

Cette règle est importante, et il faut bien la préciser. Ainsi donc, dans le cas spécifié, le participe est invariable toutes les fois qu'il n'a pas de régime direct ; il est invariable toutes les fois qu'il est suivi d'un régime direct, et il s'accorde avec ce régime direct toutes les fois qu'il en est précédé.

Lorsque le participe est suivi d'un infinitif, il faut examiner avec attention si le pronom qui précède le participe est régime direct de ce participe ou bien de l'infinitif qui le suit. Pour reconnaître cela, il suffit d'établir la règle suivante :

1° Le pronom qui précède le participe en est le régime quand on peut mettre ce pronom ou son antécédent entre le participe et l'infinitif.

Exemple : *les personnes que j'ai entendues chanter*. On peut dire : *j'ai entendu les personnes chanter* ; ainsi le *que* est régime du participe et le participe s'accorde.

2° Le pronom n'est pas régime du participe quand ce pronom ou son antécédent ne peuvent se placer qu'après l'infinitif.

Exemple : *les cantiques que j'ai entendu chanter*. On ne peut pas dire : *j'ai entendu les cantiques chanter*, mais bien : *j'ai entendu chanter les cantiques*. Ainsi le *que* n'est pas régime du participe et le participe reste invariable.

Le participe passé du verbe *faire*, suivi d'un infinitif, ne s'accorde jamais avec le pronom qui précède ; ainsi on écrit : *Je les ai fait partir*, quoiqu'on puisse dire : *j'ai fait eux partir*.

Le participe passé joint au verbe *avoir* ne s'accorde pas non plus avec le pronom *en* quand il en est précédé. Ainsi on écrit : *Avez-vous reçu des nouvelles de votre fils ? j'en ai reçu*, et non pas *j'en ai reçues*.

VI. Les adverbes, les prépositions, les conjonctions et les interjections étant invariables de leur nature, la règle de l'accord ne s'applique à eux en aucune façon.

CHAPITRE II

SYNTAXE DE RÉGIME

I. En général, le genre ou le nombre d'un mot ne sont en rien modifiés par le mot qui les régit, et ne modifient pas ce mot davantage. Nous avons vu cependant qu'en certain cas le participe passé s'accorde avec son régime.

On connaît qu'un mot est le régime d'un autre mot quand il répond à ces questions : *De qui ? de quoi ? à qui ? à quoi ?* etc., faite avec cet autre mot.

Nous avons déjà parlé des régimes des verbes, et nous avons à ce propos établi la distinction entre les régimes directs et les régimes indirects. Le régime direct est celui qui répond à cette question : *qui ? quoi ?* faite avec le mot qui régit. Le régime indirect est celui qui répond à la question : *de qui ? de quoi ? à qui ? à quoi ?*

II. Il y a des adjectifs qui peuvent avoir un régime : *Digne de récompense. Digne de* quoi ? *de récompense. Récompense* est régime de l'adjectif *digne*. — *Utile à l'homme. Utile* à quoi ? *à l'homme. Homme* est régime de l'adjectif *utile*.

III. Nous avons vu que les verbes actifs avaient toujours un régime direct et pouvaient avoir un régime indirect.

Un verbe peut avoir pour régime trois sortes de mots :

1º Un substantif, comme *j'aime le* TRAVAIL, *il aime l'*ÉTUDE, *on récompense le* MÉRITE, *Dieu punit les* MÉCHANTS ;

2º Un pronom, comme *je* LE *connais, vous* LA *verrez, nous* LES *estimons, voilà le livre* QUE *j'ai acheté, je* TE *crois, on* VOUS *aime*;

3º Un verbe à l'infinitif, comme *il doit* OBÉIR, *il sait* PARLER, *il aime à* RIRE, *il apprend à* ÉCRIRE, *il a résolu de* PARTIR, *il a négligé d'*ÉCRIRE.

L'infinitif régime est tantôt sans préposition, tantôt précédé de la préposition *à*, tantôt précédé de la préposition *de*.

Le régime direct se place ordinairement après le verbe quand c'est un nom, et avant le verbe quand c'est un pronom. Ex. : *j'ai un livre, je vous le prêterai*, pour *je prêterai lui à vous*.

On met *de* ou *par* avant le nom ou pronom qui suit le verbe passif et qui en est le régime. Ex. : *Un enfant sage est aimé de ses parents. Cet homme est connu de tout le monde. Cette ville fut prise par les Français. Cette maison a été bâtie par un bon architecte.*

Les verbes passifs s'emploient souvent sans régime, comme *je suis guéri, nous sommes perdus, ils sont prévenus, elles sont averties, cette ville fut prise plusieurs fois.*

On met *à* ou *de* avant le nom ou pronom qui suit le verbe neutre et qui en est le régime. Ex. : *J'ai parlé à quelqu'un. Cela nuit à la santé. Je vous ai parlé de quelqu'un. Il faut profiter de votre jeunesse.*

Un verbe actif qui est sans régime direct est employé neutralement, mais ce n'est point un verbe neutre. Dans cette phrase, *voilà la personne que vous avez entendue chanter*, l'infinitif *chanter* est sans régime : c'est un verbe actif employé neutralement.

Un nom peut être régi par deux adjectifs ou par deux verbes à la fois, pourvu que ces adjectifs ou ces verbes ne veuillent pas un régime différent. Ex. : *Cet homme est utile et cher à sa famille. Cet officier attaqua et prit la ville.*

Mais on ne peut pas dire : *Cet homme est utile et chéri de sa famille*, parce que l'adjectif *utile* veut *à* et non pas *de* devant son régime. On ne peut pas dire : *Cet officier attaqua et s'empara de la ville*, parce que le verbe *attaquer* ne veut pas de préposition devant son régime.

Le régime direct du verbe passif est, comme on l'a vu, le nom ou pronom qui fait l'action marquée par ce verbe. On l'appelle régime *direct* pour le distinguer du régime *indirect*, qui reste toujours à l'actif et au passif.

Par exemple, dans cette phrase, où le verbe est actif : *Le mauvais exemple détourne les jeunes gens de la vertu ; mauvais exemple* est sujet, *jeunes gens* est régime direct, *vertu* est régime indirect. En changeant l'actif en passif on a cette nouvelle phrase, qui a le même sens que la première : *Les jeunes gens sont détournés de la vertu par le mauvais exemple ; jeunes gens* est devenu sujet, *mauvais exemple* est devenu régime direct, et *vertu* est resté régime indirect, comme il était à l'actif.

IV. Les adverbes n'ont jamais de régime. Ceux qu'on appelle adverbes de quantité, comme *beaucoup, combien, peu, trop, assez, que,* etc., peuvent bien passer pour adverbes dans les phrases suivantes et autres semblables : *J'ai beaucoup marché ; il a trop parlé ; vous avez assez joué ; que les hommes sont faibles !* etc. Mais ils deviennent noms primitifs ou pronoms quand ils sont suivis de *de* et d'un régime, comme quand on dit : *Assez de repos ; trop de curiosité ; beaucoup de prudence ; peu d'activité ; que de lâcheté !* etc.

V. Nous avons déjà dit que la préposition avait toujours un régime : ce en quoi elle diffère essentiellement de l'adverbe, qui n'en a jamais. Ainsi l'on évitera facilement de confondre *autour* avec *alentour*; le premier est préposition : *autour d'un char. Alentour* est un adverbe, il n'a point de régime : *les échos d'alentour*. De même il ne faut pas confondre *avant* et *auparavant*. *Avant* est une préposition, et il est toujours suivi d'un régime : *Avant l'âge, avant le temps. Auparavant* n'est qu'un adverbe et n'a pas de régime : *Ne partez pas si tôt; venez me voir auparavant.*

CHAPITRE III

EMPLOI ET CONCORDANCE DES TEMPS ET DES MODES DES VERBES

Nous avons dit qu'il a dans les verbes quatre modes : l'*indicatif*, l'*impératif*, le *subjonctif* et l'*infinitif*.

Nous avons dit également qu'il y a dans les verbes trois temps principaux : le *présent*, le *passé* et le *futur*. Chacun de ces temps donne naissance à plusieurs autres, dont nous allons voir le sens et l'usage pour les quatre modes.

I

Indicatif

On emploie l'indicatif pour exprimer d'une manière positive qu'une chose est, qu'elle a été, ou qu'elle sera. Ce mode a dix temps : le présent, l'imparfait, le parfait défini, le parfait indéfini, le parfait antérieur, le plus-que-parfait, le futur, le futur antérieur, le présent conditionnel et le parfait conditionnel.

1° Le présent marque que la chose est ou se fait actuellement : *Je parle, vous entendez.* Le présent se met quelquefois pour le futur, surtout quand on parle d'une chose qui se fera prochainement : *Je pars ce soir, je reviens demain.* On se sert encore du présent pour exprimer une chose que l'on fait habituellement ou l'état habituel d'un sujet : *les livres sont utiles ; mon père se nomme Pierre ; j'enseigne la grammaire.*

2° L'imparfait (*je sortais*) marque qu'une chose était ou se faisait en même temps qu'une autre dans un temps passé : *Je sortais quand vous êtes arrivé.*

3° Le parfait défini (*je reçus*) marque une chose faite dans un temps entièrement écoulé, et éloigné d'un jour au moins de celui où l'on parle : *Je reçus votre lettre hier, le mois dernier, l'année passée,* etc.

4º Le parfait indéfini (*j'ai reçu*) marque une chose faite dans un temps soit entièrement écoulé, soit dont il peut rester encore quelque partie à s'écouler : *J'ai eu la fièvre aujourd'hui, hier, l'année passée,* etc.

5º Les deux parfaits antérieurs marquent une chose passée avant une autre qui est aussi passée. Le parfait antérieur défini (*j'eus dîné*) s'emploie avec le parfait défini, et le parfait antérieur indéfini (*j'ai eu dîné*) s'emploie avec le parfait indéfini. Parfaits définis : *Quand j'eus dîné, j'allai me promener.* Parfaits indéfinis : *Quand j'ai eu dîné, j'ai été me promener.*

6º Le plus-que-parfait (*j'avais fini*) et le plus-que-parfait antérieur (*j'avais eu fini*) marquent qu'une chose était déjà faite quand une autre a eu lieu : *J'avais fini lorsque vous êtes arrivé* ou *lorsque vous arrivâtes. Si j'avais eu fini plus tôt je ne vous aurais pas fait attendre.*

7º Le futur (*j'aimerai*) marque qu'une chose sera ou se fera : *Quand j'aimerai mes devoirs, je serai heureux.*

8º Le futur passé (*j'aurai fini*) marque une chose qui ne se fait pas encore, mais qui sera faite avant une autre : *Quand j'aurai fini je partirai. J'aurai fini* marque un temps tout à la fois *futur* et *passé* : futur par rapport au temps où je parle ; passé par rapport au temps où je partirai, puisque *je ne partirai* qu'après que *j'aurai fini.*

9° Le présent conditionnel (*je me corrigerais*) marque qu'une chose serait ou se ferait à présent ou dans l'avenir moyennant une condition : *Si je le voulais fortement, je me corrigerais. Si je le voulais,* voilà la condition ; *je me corrigerais,* voilà la chose qui se ferait.

10° Le parfait conditionnel (*j'aurais fait* ou *j'eusse fait*) et le parfait antérieur conditionnel (*j'aurais eu fini* ou *j'eusse eu fini*) marquent qu'une chose aurait été faite moyennant une condition : *Si j'avais été plus laborieux, j'aurais fait* ou *j'eusse fait plus de progrès. J'aurais eu fini* ou *j'eusse eu fini avant vous si je n'avais été interrompu.*

II

Impératif.

L'impératif s'emploie pour commander, pour exhorter. C'est parce qu'on ne peut ni se prier, ni se commander de faire quelque chose, que l'impératif n'a point de première personne du singulier.

1° Le présent ou futur : *Partez maintenant et revenez demain.*

2° Le parfait (*ayez fini*) marque une chose passée par rapport au verbe qui précède ou qui suit : *Ayez fini quand je reviendrai.*

III

Subjonctif.

1° Le présent ou futur (*que je parte*) : *Il faut que je parte actuellement* ou *demain.*

2° L'imparfait (*que je partisse*) marque de même un présent ou un futur par rapport au verbe qui précède : *Il faudrait que je partisse actuellement* ou *demain.*

3° Le parfait (*que j'aie fini*) et le plus-que-parfait (*que j'eusse fini*) marquent une chose passée par rapport au verbe qui précède ou qui suit : *Il faut que j'aie fini quand vous viendrez. Il aurait fallu que j'eusse fini quand vous êtes arrivé.*

IV

Infinitif

1° Le présent (*venir*) marque un présent par rapport au verbe qui précède, et par conséquent il peut désigner tous les temps :

Je le vois venir; je l'ai vu partir; je le verrai arriver.

2° Le parfait (*avoir travaillé*) marque un passé par rapport au verbe qui précède : *Vous paraissez avoir travaillé.*

3° Le futur (*devoir réussir*) marque un futur par rapport au verbe qui précède : *Vous paraissez devoir réussir.*

Telle est la signification la plus ordinaire des différents temps ; plusieurs d'entre eux ont encore d'autres sens, que l'usage et la réflexion feront apercevoir.

L'emploi du subjonctif mérite une attention spéciale.

On emploie le subjonctif :

1° Après les verbes qui expriment une volonté, un commandement, un souhait, un désir, le doute, la peur, etc. Ex. : *On veut que je lise. Je souhaite que vous veniez. J'aime mieux que nous sortions aujourd'hui.*

2° Dans les phrases interrogatives qui expriment le doute. Ex. : *Croyez-vous qu'il vienne aujourd'hui. Pensez-vous que cela soit vrai ?*

Mais on dit avec l'indicatif :

Savez-vous que j'ai été malade. Vous a-t-on dit que mon frère est arrivé ? Lui a-t-on dit que je désire le voir ?

3° Quand la phrase principale est négative, et qu'elle exprime le doute, le verbe de la phrase ajoutée se met au subjonctif. Ex. :

Je ne crois pas que vous puissiez venir. On ne pense pas que nous soyons assez heureux pour réussir. On ne s'imaginait pas que nous pussions croire cela.

4° On emploie le subjonctif après la plupart des verbes impersonnels ou employés impersonnellement. Ex. : *Il faut que j'écrive. Il est temps que je parte. Il importe que cela se fasse. Il vaut mieux que cela finisse tout de suite. Il serait possible que tu ne partisses point.*

Mais les verbes impersonnels suivants veulent l'indicatif : *Il est vrai que vous avez tort. Il est sûr que nous avons raison. Il est certain que cela est faux. Il est probable que tu auras fini demain. Il est prouvé que cet homme est coupable. Il paraît que vous êtes content.*

5° On emploie le subjonctif après les conjonctions *afin que, pour que, quoique, à moins que, avant que, de peur que, de crainte que, pourvu que, pour peu que, jusqu'à ce que, sans que, soit que*, etc.; et après les locutions *quoi que, quelque... que, quel* ou *quelle que, quels* ou *quelles que*. Ex. : *Il fait son devoir, afin que vous soyez content de lui. Nous sortirons ensemble, à moins que votre père ne le défende. Il sort tous les jours, quoiqu'il soit malade. Quoi que vous fassiez, vous ne réussirez point.*

Cet article ne présente aucune difficulté,

puisque toutes les conjonctions dont nous venons de parler veulent toujours le subjonctif. Mais les conjonctions suivantes, *sinon que, si ce n'est que, de sorte que, en sorte que, de manière que*, veulent tantôt le subjonctif et tantôt l'indicatif ; elles veulent l'indicatif quand le verbe de la première phrase exprime l'affirmation d'une manière positive ; mais elles veulent le subjonctif quand le verbe de la première phrase exprime le doute, le souhait, le commandement. Il faut dire avec l'indicatif :

Votre fils s'est très bien comporté ; DE MANIÈRE QUE *tout le monde* A ÉTÉ *content*.

Mais il faut dire avec le subjonctif :

Comportez-vous DE MANIÈRE QUE *tout le monde* SOIT *content*.

6° Les pronoms relatifs *qui, que, lequel, laquelle, dont, où*, veulent le subjonctif après eux quand ils ont pour antécédent un nom employé dans une phrase qui marque le doute, le désir, l'interrogation ou le commandement.

Pronoms relatifs avec l'indicatif.	*Pronoms relatifs avec le subjonctif.*
Je connais quelqu'un *qui* POURRA vous rendre ce service.	Connaissez-vous quelqu'un *qui* PUISSE me rendre ce service ?

Voilà un livre *que* vous POURREZ consulter au besoin.

Donnez-moi un livre *que* je PUISSE consulter au besoin.

Prêtez-moi ce livre *dont* vous n'AVEZ pas besoin.

Prêtez-moi un livre *dont* vous n'AYEZ pas besoin.

Ne quittez pas une place *où* vous ÊTES commodément, et d'*où* vous ENTENDEZ bien.

Choisissez une place *où* vous SOYEZ commodément, et d'*où* vous ENTENDIEZ bien.

7° Il faut le subjonctif après la conjonction QUE employée pour *si, afin que, soit que, sans que, avant que, à moins que, jusqu'à ce que, de ce que.* Ex. : *Si vous revenez, et que je n'y sois pas, vous m'attendrez.* C'est-à-dire, *si vous revenez, et si je n'y suis pas,* etc. — *Que tu viennes ou que tu ne viennes pas, cela m'est indifférent.* C'est-à-dire, *soit que tu viennes, soit que tu ne viennes pas,* etc. — *Je ne puis rien dire que tu ne le saches.* C'est-à-dire, *je ne puis rien dire sans que tu le saches.*

La conjonction QUE, au commencement d'une phrase, marque ordinairement un commandement, un consentement, un souhait; alors le verbe qui suit se met au subjonctif, parce qu'il y a de sous-entendu, *je veux, je souhaite, je consens,* etc. Ex. : *Qu'il parte tout de suite. Qu'il revienne sur-le-champ.* C'est comme s'il y avait, *je veux, je souhaite qu'il parte tout de suite, qu'il revienne sur-le-champ.*

8° Une phrase peut commencer par un verbe au subjonctif ; mais alors il y a ellipse du verbe et de la conjonction *que*. C'est-à-dire que ce verbe et cette conjonction sont sous-entendus. Ex. : *Fasse le Ciel que pareil malheur ne nous arrive jamais! Plût à Dieu que nous ne fussions jamais plus malheureux.* On sous-entend *je désire, je souhaite*, dans la première phrase ; et *je voudrais, il serait à souhaiter*, dans la seconde.

On emploie quelquefois le subjonctif par ellipse, en la place de la conjonction *quand même* et d'un conditionnel. Ex. : *Dût-il m'en coûter tout ce que je possède, votre entreprise réussira.* C'est-à-dire, QUAND MÊME IL DEVRAIT *m'en coûter tout ce que je possède*, etc.

L'emploi des différents temps du subjonctif dépend non-seulement du temps du verbe avec lequel il est en concordance, mais encore de l'idée qu'on a en vue. Il faut observer à cet égard les deux règles suivantes :

1re RÈGLE. Quand le premier verbe est au présent ou à l'un des futurs de quelque mode que ce soit, mettez le second verbe (celui qui est après le *que*) ou au présent ou au parfait du subjonctif, selon le sens qu'exige la phrase.

Ex. : *Je désire que vous soyez attentifs. Faites en sorte qu'il arrive. Il faudra que* vous veniez. Il faut que j'aie fini aujourd'hui. Ordonnez qu'il ait terminé ce matin.

IIᵉ Règle Quand le premier verbe est à l'un des parfaits, imparfaits et plus-que-parfaits de quelque mode que ce soit, ou à l'un des conditionnels, mettez le second verbe à l'imparfait ou au plus-que-parfait du subjonctif, suivant le sens de la phrase.

Exemples :

Je désirerais que vous fussiez attentif. J'aurais désiré que vous fussiez plus docile. Je craignais, je craignis, j'ai craint, j'avais craint que vous ne fussiez malade. Il faudrait, il aurait fallu que vous eussiez fini.

Exception. Quoique le premier verbe soit au parfait, on peut mettre le second au présent ou au parfait du subjonctif, quand il exprime une action qui n'est pas encore faite ou qui se fait habituellement.

Exemples : *Dieu nous a donné deux yeux, afin que l'un puisse suppléer au défaut de l'autre. Je vous ai donné peu d'ouvrage, afin que vous ayez fini ce soir.*

CHAPITRE IV

PLACE DES MOTS

L'ordre logique, l'élégance, la clarté sont les guides principaux pour placer les mots dans une phrase, et les règles à cet égard relèvent plus de l'usage que de la grammaire.

Cependant, il y a quelques observations importantes à faire à cet égard, et nous avons déjà eu l'occasion d'en indiquer quelques-unes.

C'est ainsi que nous avons vu que certains adjectifs expriment un sens différent, suivant qu'ils sont placés avant ou après le substantif qu'ils qualifient.

En principe, dans une phrase, on énonce d'abord le sujet, qui est ordinairement un substantif, puis les adjectifs qui le qualifient; ensuite le verbe, qui indique l'action qu'on veut exprimer; puis les régimes directs et indirects, qui complètent la pensée indiquée par le verbe.

Relativement au régime, nous avons déjà dit qu'il pouvait se trouver souvent devant le verbe, au lieu de le suivre.

Quant au sujet, il y a des cas où il suit le verbe au lieu de le précéder. Ces cas sont au nombre de quatre principaux.

Le sujet se place après le verbe :

1° Après les verbes impersonnels. Ex. : *Il est arrivé un grand malheur;*

2° Après *tel, ainsi*. Ex. : *Tel était son avis. Ainsi mourut cet homme;*

3° Quand on rapporte les paroles de quelqu'un. Ex. : « *Marchons, soldats!* » *criait le général.*

4° Quand on interroge. Ex. : *Que penseront de vous les honnêtes gens si vous faites le mal? Irai-je? Viendras-tu? Est-il arrivé?*

Dans ce dernier cas, quand le verbe qui précède *il, elle, on*, finit par une voyelle, on ajoute *t* devant *il, elle, on*. Exemple : *Appelle-t-il? Viendra-t-elle? Ouvrira-t-on?*

Si le verbe est terminé par un *e* muet à la première personne, on rend l'*é* fermé devant le pronom *je*. Exemple : *Dussé-je, aimé-je*, et non *dusse-je, aime-je*, ce qui rentre dans cette règle générale que tout mot terminé par le son *ége* veut un accent aigu sur l'avant-dernier *é*.

L'usage ne permet pas toujours cette manière d'interroger à la première personne, parce que la prononciation en serait rude et désagréable. Ainsi, on ne dit pas : *Cours-je, mens-je, dors-je, sors-je*, etc. Il faut prendre un autre tour et dire : *Est-ce que je cours? est-ce que je mens? est-ce que je dors?*

CHAPITRE V

REMARQUES SUR QUELQUES LOCUTIONS

Nous allons réunir ici quelques locutions dont l'usage est fréquent et qui nécessitent une attention spéciale, pour découvrir les règles qui s'y appliquent. Quelques-unes aussi se forment par exception aux règles générales.

I. LE, LA, LES sont articles quand ils précèdent un substantif : *le père, la mère, les enfants*. Ils sont pronoms quand ils précèdent un verbe : *je le connais, je la respecte, je les estime*.

Un pronom tient toujours la place d'un substantif ; mais le pronom *le* peut tenir la place d'un substantif, d'un adjectif, d'un verbe, quelquefois d'une phrase entière. Quand le pronom *le* tient la place d'un substantif, il s'accorde en genre et en nombre avec ce substantif. En parlant d'un homme, on dit *je le connais* ; en parlant d'une femme, *je la connais* ; en parlant de plusieurs personnes ou de plusieurs choses, *je les connais*.

Mais quand le pronom *le* tient la place d'un adjectif ou d'un verbe, il est invariable et on dit toujours *le*. Ainsi une femme doit dire : *on me croit malade, mais je ne le suis point*, et non *je ne la suis point. Etes-vous contente? Je ne le suis point*, et non *je ne la suis point. Il faut obliger quand on le peut*, c'est-à-dire *quand on peut obliger*.

II. Quand le sens est complet avant le mot *chacun*, employez le pronom *son, sa, ses* ; si le sens n'est pas complet, servez-vous de *leur, leurs*.

Ex. : *Il faut remettre ces livres-là chacun à sa place* : le sens est complet avant le mot *chacun*. *Les deux charrettes perdirent chacune leur essieu* : le sens n'est pas complet avant le mot *chacun*.

Il ne faut pas se servir de *son, sa, ses, leur, leurs* à la place d'un nom de chose lorsque ce nom n'est pas exprimé dans la même phrase ; ainsi ne dites pas : *Paris est beau, j'admire ses bâtiments*; mais dites : *j'en admire les bâtiments*.

Mais si le nom de chose est exprimé dans la même phrase, on se sert de *son, sa, ses, leur, leurs*, et l'on dit : *le Rhône a sa source dans la Suisse*. On se sert encore de *son, sa, ses*, etc., quand ils sont régis par une préposition : *Paris est beau, j'admire la grandeur de ses bâtiments*.

III. TOUT, mis pour *quoique, entièrement*, ne change point de nombre devant un adjectif masculin pluriel ; ainsi dites : *Les enfants, tout aimables qu'ils sont, ne laissent pas d'avoir bien des défauts*.

Tout ne change ni de genre, ni de nombre, devant un adjectif féminin pluriel qui commence par une voyelle ou une *h* muette. Ainsi dites : *Ces images, tout amusantes qu'elles sont, ne me plaisent pas.*

Mais si l'adjectif féminin est au singulier, ou si, étant au pluriel, il commence par une consonne, alors on met *toute, toutes*.

Ex. : *Cette image, toute amusante qu'elle est, ne me plait pas. Ces images, toutes belles qu'elles sont, ne me plaisent pas.*

IV. Quelque... que, quel que, quelle que. — *Quelque... que* s'emploie de cette manière : S'il y a un adjectif entre *quelque* et *que*, alors *quelque* ne prend jamais s à la fin. Ex. : *Les rois, quelque puissants qu'ils soient, ne doivent pas oublier qu'ils sont hommes.*

S'il y a un nom entre *quelque* et *que*, alors on met *quelque* au même nombre que le nom, quand même ce nom serait accompagné d'un adjectif. Ex. : *Quelques brillantes qualités que vous ayez, soyez toujours modeste.*

Si le nom ou pronom n'est placé qu'après le *que* et le verbe, alors il faut écrire en deux mots séparés, *quel* ou *quelle que, quels* ou *quelles que.*

Ex. : *Quelle que soit votre force, quelles que soient vos richesses, vous ne devez pas vous enorgueillir. Votre position, quelle* qu'elle soit, ne vous donne pas le droit de mépriser les autres.

V. On, l'on. — *On*, pronom personnel indéfini, se dit toujours des personnes ; il est toujours sujet, et veut le verbe à la troisième personne du singulier : *On va, on vient, on dit*, etc. Quoique ce pronom soit ordinairement suivi d'un masculin, il y a des circonstances qui marquent si précisément qu'on parle d'une femme, qu'alors *on* est suivi d'un féminin : on *n'est pas toujours* maîtresse *de ses volontés. Comme on paraît* gaie *aujourd'hui !* on *est toujours* la même.

On met quelquefois l'article avant le pronom *on*, ce qui fait *l'on* : l'oreille est le seul guide à cet égard.

On trouve dans La Rochefoucauld, *ceux* qu'on condamne *au supplice ;* dans Helvétius, *jusqu'au moment où* l'on les *compare ;* dans Montesquieu, *si* l'on lit les *guerres de Bélisaire*, etc.

Le premier aurait dû dire, *ceux que* l'on *condamne au supplice ;* le second, *jusqu'au moment où* on les *compare ;* le troisième, *si* on lit *les guerres de Bélisaire*.

VI. On dit *une demi-heure, une demi-livre*. Le mot *demi* ne change pas quand il est devant un substantif. Mais il faut dire *une heure et demie, une livre et demie*. Quand le mot *demi* est après le substantif, il prend le genre de celui-ci.

VII. Le mot *personne*, employé comme pronom indéfini, est toujours masculin singulier, et signifie *qui que ce soit* : *personne n'est plus heureux. Personne n'est content. Personne n'est venu.*

Mais le mot *personne*, employé comme substantif, est féminin, et il a un pluriel : *Vous verrez la personne dont je vous ai parlé. Connaissez-vous bien les personnes que vous m'avez envoyées ?*

VIII. Le mot *chose* est féminin : *Voilà une belle chose ! Que pensez-vous de cette chose ? Il s'applique trop aux petites choses.*

Mais lorsque le mot *chose* est ajouté à *quelque*, ces deux mots réunis forment un pronom indéfini masculin singulier : *J'ai vu quelque chose de beau. Nous avons mangé quelque chose de bon.*

IX. Le mot *gens* est tantôt masculin, tantôt féminin : masculin quand il est avant son adjectif, féminin quand il est après. On doit dire : *Ces gens-là sont bien bons de croire ce que vous leur dites.* Mais il faut dire : *Ce sont de bonnes gens.*

L'adjectif collectif *tous* reste au masculin avant le mot *gens* : *Tous les gens de bien.*

Lorsqu'entre *tous* et *gens* il y a un autre adjectif, *tous* reste au masculin si l'adjectif qui suit est du nombre de ceux qui s'écrivent au masculin comme au féminin : *tous les honnêtes gens.* Mais si l'adjectif qui suit ne s'écrit pas au masculin comme au féminin, on met *toutes* au féminin, ainsi que l'adjectif suivant : *Toutes les vieilles gens, toutes les bonnes gens.*

X. DE, DU, DE LA, DES, *dans le sens partitif.* Dans le sens général, on dit : *Je connais les hommes.* Dans le sens partitif, on dit : *Je connais des hommes;* c'est-à-dire : *je connais quelques hommes, une partie des hommes.*

A cet égard, Il faut observer les règles suivantes :

1° On met *des*, mot composé de la préposition *de* et de l'article *les*, avant un substantif partitif quand le substantif est avant l'adjectif.

Ex. : *J'ai vu des maisons superbes. J'ai acheté des livres précieux. Vous avez fait des fautes graves. Il a des enfants charmants.*

2° On ne met que la préposition *de* avant un substantif partitif, quand l'adjectif est avant le substantif.

Ex. : *J'ai vu de superbes maisons. J'ai acheté de bons livres. Vous avez fait de grandes fautes. Il a de charmants enfants.*

3° On met *du* avant un nom masculin singulier, on met *de la* avant un nom féminin singulier, quand le substantif partitif est avant l'adjectif.

Ex. : *J'ai acheté du papier excellent. J'ai acheté de l'encre excellente. J'ai bu du vin délicieux. J'ai mangé de la viande délicieuse.*

4° On ne met que la préposition *de* avant un nom masculin ou féminin singulier, quand l'adjectif est avant le substantif partitif.

Ex. : *J'ai acheté d'excellent papier. J'ai acheté d'excellente encre. J'ai bu de bon vin. J'ai mangé de bonne viande.*

XI. Substantifs composés. — Quand un nom est composé d'un adjectif et d'un substantif, ils prennent tous deux la marque du pluriel. Ex. : *un gentilhomme ; des gentilshommes.*

Quand il est composé de deux mots unis par une préposition, on ne met la marque du pluriel qu'au premier des deux noms. Ex. : *un chef-d'œuvre, des chefs-d'œuvre ; un arc-en-ciel, des arcs-en-ciel.*

Quand il est composé d'une préposition ou d'un adverbe et d'un substantif, le substantif seul prend la marque du pluriel. Ex. : *un entre-sol, des entre-sols ; un abat-jour des abat-jours ; un garde-fou, des garde-fous.*

XII. Quoique le nom propre ne convienne qu'à une seule personne ou à une seule chose, il peut arriver plusieurs cas où l'on emploie le nom propre au pluriel.

1° Quand il représente le seul individu pour lequel il a été créé, quoique employé sous la forme du pluriel, il reste invariable.

Ex. : *Le même roi qui sut employer les Condé, les Turenne, les Luxembourg, etc.; choisit les Racine, les Boileau, pour écrire son histoire.*

2º Mais quand on l'emploie par extension, en parlant de plusieurs individus semblables à ceux dont on cite les noms, alors on le met au pluriel.

Ex. : *Un Auguste aisément peut faire des Virgiles.* (BOILEAU.)

3º Lorsque des industriels ont donné leur nom à des objets de leur invention, tels que : *Barème, Quinquet, Carcel*, etc., on doit écrire *des barèmes, des quinquets, des carcels*, etc.

On doit écrire également *des Elzevirs, des Didots*, etc., quand on veut parler des éditions d'*Elzevir*, de *Didot*, etc.

On écrit de même *des Raphaëls, des Poussins*, pour désigner des tableaux de *Raphaël*, du *Poussin*, etc.

4º Lorsque les noms propres désignent plusieurs individus de la même famille, on les met au pluriel, parce qu'ils ne sont point entièrement considérés comme noms propres, mais bien plutôt comme désignant certaines classes d'individus, certaines familles. Ainsi l'on écrit : *les Césars, les Gracques, les Stuarts, les Condés, les Bourbons*, etc.

XIII. L'impératif *va* du verbe *aller* prend un s quand il est suivi du pronom *y*. — *Vas-*

y. Si le pronom est lui-même suivi d'un verbe, alors on écrit sans *s*. *Va y donner ordre*. Si le même impératif *va* est suivi du pronom *en* on met *t* entre deux : *Va-t'en*.

Les impératifs terminés par un *e* muet prennent un *s* quand ils sont suivis des mêmes pronoms *y* et *en* : *Demeures-y; donnes-en à ton frère*.

On dit *menez-y-moi*, et non pas *menez m'y*.

XIV. PLUS et DAVANTAGE ne s'emploient pas toujours l'un pour l'autre. *Davantage* ne peut être suivi de la préposition *de* ni de la conjonction *que*; on ne dit pas : *Il a davantage de brillant que de solide*; mais *plus de brillant*. On ne dit pas : *Il se fie davantage à ses lumières qu'à celles des autres*; mais *il se fie plus à ses lumières*.

Davantage ne peut s'employer que comme adverbe. Exemple : *La science est estimable, mais la vertu l'est bien davantage*.

XV. Ne confondez pas l'adverbe PRÈS DE, qui signifie *sur le point de*, avec l'adjectif PRÊT A, qui signifie *disposé à*; on ne dit point : *Il est prêt à tomber*; mais *il est près de tomber*.

Ne confondez pas A LA CAMPAGNE et EN CAMPAGNE; ce dernier ne se dit que du mouvement des troupes : *L'armée est en campagne*; mais il faut dire : *J'ai passé l'été à la campagne*.

XVI. *Excepté* et *supposé*, devant un nom ou un pronom, ne prennent ni genre ni nombre, parce qu'ils sont prépositions. Placés après le nom ou le pronom, ils prennent le genre et le nombre, parce qu'alors ils sont participes. Ex. : *Ces principes supposés, tous m'entendront, excepté ceux qui n'auront pas écouté.*

CHAPITRE VI

DE LA PONCTUATION

La ponctuation est la manière de diviser une composition écrite en phrases ou parties de phrases. Elle indique les pauses qu'on doit faire en lisant.

On se sert de six marques pour la ponctuation : la *virgule* (,), le *point et virgule* (;), les *deux points* (:), le *point* (.), le *point d'interrogation* (?) et le *point d'admiration* ou d'*exclamation* (!).

1. La virgule sert à séparer des noms, ou des adjectifs, ou des verbes qui se suivent.

Ex. : *Les Tyriens sont industrieux, patients, laborieux. La fraude, la violence, le parjure sont les moyens coupables qu'il emploie habituellement.*

La virgule sert à distinguer les différentes

parties d'une phrase : *L'étude rend savant, et la réflexion rend sage.*

La virgule sert encore à remplacer un mot sous-entendu : *De la justice vient la sécurité; de la sécurité, le bonheur.*

Les mots *d'abord, ensuite, autrefois, au contraire, en outre*, et autres expressions semblables, veulent une virgule après eux, quand ils sont placés au commencement d'une phrase.

II. Le point et virgule se met entre deux phrases dont l'une dépend de l'autre. *La douceur est, à la vérité, une vertu; mais elle ne doit pas dégénérer en faiblesse.*

III. Les deux points se mettent après une phrase finie, mais suivie d'une autre qui sert à l'étendre ou à l'éclaircir : *Il ne faut jamais se moquer des misérables : car qui peut s'assurer d'être toujours heureux ?*

On emploie les deux points toutes les fois qu'on passe à un discours direct qu'on rapporte. C'est dans ce cas que le premier mot qui suit les deux points doit commencer par une lettre capitale : Mentor lui dit d'un ton grave : *Sont-ce donc là, ô Télémaque ! les pensées qui doivent occuper le cœur du fils d'Ulysse ?*

IV. Le point se met à la fin des phrases, quand le sens est entièrement fini.

V. Le point d'interrogation se met à la fin

des phrases qui expriment une interrogation : *Où a-t-il été ?*

VI. Le point d'admiration ou d'exclamation se met après les phrases qui expriment l'admiration, et après les mots qui expriment une exclamation : *Hélas ! combien il y a de malheureux !*

Emploi des majuscules. On met habituellement une grande lettre ou *majuscule* :

1º Au commencement de chaque phrase ; et, dans la poésie, au commencement de chaque vers ; ceci, du reste, n'est que le fruit d'une routine séculaire ; les essais de modifications tentés par quelques écrivains modernes n'ont pu prévaloir contre les errements enracinés au plus profond du cœur des pédants et des typographes français, qui se sont donné fraternellement la main pour perpétuer une absurdité ;

2º Dans les noms propres d'homme, de lieu, de peuple, etc. ;

3º Dans les noms de dignité, d'art et de science, lorsqu'ils font le principal sujet du discours. Ce dernier cas est loin d'être absolu ; le goût est le seul véritable guide à cet égard ;

4º Dans les noms qui désignent des êtres abstraits, lorsqu'ils sont personnifiés :

Je t'implore aujourd'hui, sévère Vérité.

5° Pour les titres de livres : *la Henriade, les Rayons et les Ombres;* de tableaux : *la Descente de croix,* de Rubens ; *la Femme paralytique,* de Gérard Dow ; *la Cruche cassée,* de Greuze ; *le Massacre de Scio,* d'Eugène Delacroix, etc., etc. ; de journaux : *l'Opinion nationale, le Times;* de vaisseaux : *l'Algésiras, la Belle-Hélène.*

CHAPITRE VII

DE L'ANALYSE GRAMMATICALE

Un exercice fort utile pour s'habituer aux règles de la grammaire est ce qu'on appelle l'analyse grammaticale.

Faire une *analyse grammaticale*, c'est se rendre compte de tous les mots qui composent une phrase, en marquant 1° à quelle partie du discours appartient chaque mot ; 2° avec quel autre mot il s'accorde, ou bien de quel autre mot il est sujet ou régime, et rendre raison de tout cela d'après les règles de la grammaire.

Pour bien analyser, il faut non-seulement savoir distinguer d'un coup d'œil les différentes sortes de verbes et les divers rapports que les mots ont entre eux, mais encore comprendre parfaitement le sens du discours et pouvoir suppléer ce qu'il y a de sous-entendu. Dans cette phrase, par exemple : *Je n'ai pas de quoi vivre*, on ne trouvera ni quel est l'antécédent de *quoi*, ni de quel mot *vivre* est régime, à moins qu'on ne supplée en disant : *Je n'ai pas (le bien) de quoi (je puisse) vivre*. Dans cette autre phrase : *Il a vécu trente ans*, *trente ans* n'est pas régime de *vivre*, qui est un verbe neutre, mais de la préposition *pendant* sous-entendue : *Il a vécu (pendant) trente ans*. Il en est de même de beaucoup d'autres phrases.

Voici deux exemples d'analyse :

1° *Le naufrage et la mort sont moins funestes que les plaisirs qui attaquent la vertu.*

Le	Art. masc. sing.
naufrage	Subst. masc. sing.
et	Conjonction qui lie les deux sujets *naufrage, mort*.
la	Art. fém. sing.
mort	Subst. fém. sing.
sont	Verbe *être* au présent de l'ind., troisième personne du plur. Ce verbe est au plur. parce qu'il a deux sujets sing. liés par la conjonction *et*.
moins	Adv. de comparaison qui marque un rapport d'infériorité.
funestes	Adj. pluriel des deux genres, au comparatif d'infériorité, parce qu'il est précédé de *moins*. *Funestes* est au pluriel parce qu'il se rapporte à deux substantifs, et il est

	masculin parce que l'un des deux subst. est masc.
que	Conj. qui lie les objets comparés.
les	Art. plur. des deux genres ; ici masc., parce qu'il est suivi d'un nom masc.
plaisirs	Subst. masc. plur.
qui	Pronom relatif qui a pour antécédent le subst. masc. plur. *plaisirs*, dont il prend le genre et le nombre.
attaquent	Verbe act. au présent de l'indicatif, troisième pers. du plur.
la	Art. fém. sing.
vertu.	Subst. fém. sing.

2° *Nous promettons selon nos espérances, et nous tenons selon nos craintes.*

Nous	Pronom personnel pluriel des deux genres et de la première personne. Ce pronom est tantôt sujet, tantôt régime ; ici il est sujet, et il signifie les hommes en général.
promettons	Verbe actif au présent de l'indic., première personne du pluriel. Ce verbe est employé neutralement, parce qu'il n'est restreint par aucun régime direct.
selon	Préposition qui marque un rapport de conformité.
nos	Pronom possessif pluriel des deux genres et de la première personne ; féminin dans cette phrase, parce qu'il est suivi d'un nom fém. Il est du nombre de ceux qui sont toujours joints à des noms.

espérances,	Subst. fém. plur., régime de la préposition *selon.*
et	Conjonct. qui lie les deux propositions, *nous promettons, nous tenons.*
nous	Pronom personnel comme ci-dessus.
tenons	Verbe act. au prés. de l'indic., première personne du plur.; sans régime direct, parce qu'il est employé neutralement, comme *promettons.*
selon	Préposition qui marque un rapport de conformité.
nos	Pronom possessif, comme ci-dessus.
craintes.	Subst. fém. plur., régime de la préposition *selon.*

TROISIÈME PARTIE

Observations complémentaires

DE LA PRONONCIATION

I

Il ne suffit pas de savoir les éléments de sa langue maternelle ; pour échanger avec ses semblables les idées qui sont le fonds commun de l'humanité, la nature a doué nos organes de plus ou moins de souplesse ; mais dans sa prévoyance, elle les a disposés de manière à ce qu'ils suffisent amplement aux besoins de chacun des membres d'une société quelconque.

Ce n'est pas ici le lieu d'entrer dans de grands développements sur les causes de la variété infinie de langages, d'autant plus qu'il est plus facile de forger des hypothèses que de donner de bonnes raisons.

Le fait accepté de cette diversité, à laquelle nous ne pouvons rien que de nous emprunter de nation à nation des formes et des sons que nous nous approprions pour la meilleure satisfaction de nos relations mutuelles, il est sage de se renfermer d'abord dans l'idiome du pays auquel nous devons la naissance, et de tâcher de ne point faire dissonance dans un milieu organisé harmoniquement.

Il est certain qu'une langue se transmet plus par la *parole parlée* que par la *parole écrite*. Or, avant de connaître la théorie de la langue, l'enfant a déjà acquis une certaine somme de connaissances relatives, par l'emploi des mots que lui transmet une mère ou une nourrice. C'est de cette première initiation que procèdent toutes les autres.

Rien de plus important, pour l'avenir des relations de cet enfant, que de l'habituer de bonne heure à se faire comprendre.

Pour se faire comprendre, il doit parler clairement, articuler distinctement, sans accent.

Plus tard, un instituteur réformera les écarts du langage enfantin ; la fréquentation de personnes instruites, ou seulement sociables, fera disparaître les dernières traces d'un début vicieux ; l'audition des chefs-d'œuvre de la littérature, que lui transmettront des orateurs populaires ou des comédiens exercés, achèvera de faire pénétrer dans les natures les plus rebelles cette *science de bien dire*, qui est l'apanage presque exclusif de la nation française.

Il y a lieu toutefois de prémunir les enfants contre cette tendance, qui nous est trop naturelle, à la moquerie vis-à-vis de ceux que nous croyons, à tort ou à raison, incapables de prononcer comme nous prononçons nous-mêmes.

Avec cet instinct d'imitation grotesque dont nous faisons volontiers abus, nous savons trop souvent découvrir la paille qui gêne l'œil du voisin sans nous apercevoir qu'une grosse poutre s'est logée dans le nôtre.

Rien de plus commun, pour ne parler que de notre pays, que de voir le septentrional railler l'accent fortement marqué du méridional, et celui-ci regarder en pitié l'accent traînard et lourd de son railleur.

Où se trouvera la meilleure prononciation, celle qui ne saurait prêter à rire à personne?

C'est ce qu'il nous paraît difficile, pour ne pas dire impossible de déterminer d'une manière satisfaisante.

Les Parisiens ont la prétention de parler la pure langue française ; les Tourangeaux et les Blaisois élèvent une prétention de même nature.

Or, les uns et les autres ont la déplorable habitude de bredouiller, d'ânonner, d'appuyer sur certaines syllabes et d'en faire disparaître un nombre respectable.

Ce dernier défaut est encore plus sensible chez les habitants du nord, tandis que les méridionaux, en sens contraire, donnent une valeur presque égale à tous les sons émis.

Entre ces différentes manières de comprendre la prononciation des mots de notre langue, le terme moyen doit se rencontrer, et nous estimons, avec Boiste, qu'un peu de sentiment musical ne nuirait pas à l'affaire.

Malheureusement, en dépit des efforts inouïs, tentés depuis ces dernières années, pour répandre le goût de la musique, nous continuons à vivre dans un pays où les prononciations les plus variées viennent prouver que l'unité est loin de se faire; qui sait si nous l'atteindrons jamais? On aurait beau figurer, à grand renfort de signes plus ou moins arbitraires, la prononciation française, que ceux qui voudraient s'y conformer risqueraient fort de rester sur le carreau avec leurs défauts natifs. Il est donc de la dernière importance de donner aux enfants l'exemple d'une prononciation distincte sans afféterie avant de leur avoir laissé le temps de contracter des défauts que tous les prétendus redresseurs de larynx seraient impuissants à guérir.

II

Comme il n'est pas défendu d'égayer les pages les plus abstraites, et que la grammaire et ses préceptes, s'ils sont nécessaires, sont peu attrayants à étudier, nous croyons devoir donner ici le fragment du *Bourgeois gentilhomme*, dans lequel Molière, avec son rare bon sens, se moque de l'importance donnée par les sots à la valeur de leurs démonstrations. M. Jourdain fait venir chez lui un maître de philosophie pour réparer les avaries de son éducation. Il refuse d'apprendre la logique, la morale, la physique, et s'arrête à l'orthographe, en attendant qu'on lui apprenne à savoir quand il y a de la lune et quand il n'y en a point.

LE MAITRE DE PHILOSOPHIE. — La voix A se forme en ouvrant fort la bouche : A.

M. JOURDAIN. — A, A. Oui.

LE M. DE PHIL. — La voix E se forme en rapprochant la mâchoire d'en bas de celle d'en haut : A, E.

M. JOURDAIN. — A, E. A, E. Ma foi, oui ! Ah ! que cela est beau !

LE M. DE PHIL. — Et la voix I, en rapprochant encore davantage les mâchoires l'une de l'autre et écartant les deux coins de la bouche vers les oreilles : A, E, I.

M. JOURDAIN. — A, E, I, I, I, I. Cela est vrai. Vive la science !

LE M. DE PHIL. — La voix O se forme en rouvrant les mâchoires et rapprochant les lèvres par les deux coins, le haut et le bas : O.

M. JOURDAIN. — O, O. Il n'y a rien de plus juste. A, E, I, O, O. Cela est admirable. I, O, I, O.

LE M. DE PHIL. — L'ouverture de la bouche fait justement comme un petit rond qui représente un O.

M. JOURDAIN. — O, O, O. Vous avez raison. O. Ah ! la belle chose que de savoir quelque chose !

LE M. DE PHIL. — La voix U se forme en rapprochant les dents sans les joindre entièrement et allongeant les lèvres en dehors, les approchant aussi l'une de l'autre, sans les joindre tout à fait : U.

M. JOURDAIN. — U, U. Il n'y a rien de plus véritable.

LE M. DE PHIL. — Vos deux lèvres s'allongent comme si vous faisiez la moue ; d'où vient que si vous voulez la faire à quelqu'un, et vous moquer de lui, vous ne sauriez lui dire que U.

M. JOURDAIN. — U, U. Cela est vrai. Ah ! que n'ai-je étudié plus tôt pour savoir tout cela !

LE M. DE PHIL. — Demain, nous verrons les autres lettres, qui sont les consonnes.

M. JOURDAIN. — Est-ce qu'il y a des choses aussi curieuses que celles-ci ?

LE M. DE PHIL. — Sans doute. La consonne D, par exemple, se prononce en donnant du bout de la langue au-dessus des dents d'en haut : DA.

M. JOURDAIN. — DA, DA. Oui. Ah ! les belles choses ! les belles choses !

LE M. DE PHIL. — L'F, en appuyant les dents d'en haut sur la lèvre de dessous ; FA.

M. JOURDAIN. — FA, FA. C'est la vérité. Ah ! mon père et ma mère, que je vous veux de mal !

LE M. DE PHIL. — Et l'R, en portant le bout de la langue jusqu'au haut du palais ; de sorte qu'étant frôlée par l'air qui sort avec force, elle lui cède et revient toujours au même endroit, faisant une sorte de tremblement : R, RA.

M. JOURDAIN. — R, R, RA, R, R, R, R, R, R, RA. Cela est vrai. Ah ! l'habile homme que vous êtes ! et que j'ai perdu de temps ! R, R, RA.

LE M. DE PHIL. — Je vous expliquerai à fond toutes ces curiosités.

III

Notre but principal, en publiant l'*Ecole mutuelle*, étant de voir le lecteur y trouver le plus possible d'applications pratiques, nous ne croyons pas inutile de reprendre en détail chaque lettre de notre alphabet en ôtant les mots qui, sans guide, pourraient embarrasser ceux qui ne les connaissent que par la lecture. Nous n'avons pas perdu de vue un seul instant que nous avons en face de nous des esprits neufs et désireux de s'instruire; quant aux savants et aux demi-savants, la bonne opinion qu'ils ont d'eux-mêmes, la certitude qu'ils se sont faite de leur propre mérite, leur diront assez qu'ils n'ont rien à voir dans cette énumération.

IV

Les lettres sont des caractères inventés pour faire connaître nos pensées, et pour exprimer par écrit les différents sons, et les diverses articulations de la voix.

Des voyelles. — Les voyelles sont des lettres employées pour exprimer un son simple, qui se forme par la seule ouverture de la bouche.

Il y en a de trois sortes, les simples, les composées et les nasales.

Les voyelles simples sont celles qui s'écrivent par une seule lettre, *a, e, i, o, u* : on y ajoute l'*y* ; c'est l'*upsilon* des Grecs.

*De l'*A. — *A* est aigu ou bref, comme *patte*.

A est grave ou long, comme *pâte*, pour faire du pain, *âge, âme, âne, âpre, as*. Il ne se prononce pas dans août, taon, Saône. Joint à l'e, il forme la lettre double Æ, qui se prononce *é*.

*De l'*E. — Il n'y a point de lettre qui reçoive plus de sons différents dans toutes les langues que celle-ci. L'*e* est comme l'âme de la langue française; elle fait le désespoir des musiciens qui ne savent quelle valeur lui donner, et est la source d'embarras de prononciation que le temps seul peut lever. Nous pouvons remarquer particulièrement trois sons dans notre *e* : cette diversité vient de la manière de le prononcer, ou en un temps plus ou moins long, ou en ouvrant plus ou moins la bouche ; de là, trois sortes d'*e* : l'*e* ouvert, l'*e* fermé et l'*e* muet.

L'*e* muet est celui qui n'a qu'un son obscur, sourd, peu sensible, et qui se prononce comme à la fin de ces mots, *sage, mesure, monde*.

L'*e* fermé ou *aigu*, est celui qui se prononce la bouche presque fermée, et sur lequel on met toujours l'accent aigu, comme à la fin de ces mots, *charité, médiocrité, bonté*, ou dans ceux-ci : *désir, désert, dédain*.

L'*e* ouvert, comme dans *succès, procès, fête*, est appelé ouvert, parce qu'il se prononce par une ouverture de bouche plus ou moins grande. Ainsi l'*e* ouvert est de trois sortes ; l'*e* ouvert commun, l'*e* plus ouvert, l'*e* très ouvert.

L'*e* ouvert commun, c'est l'*e* de presque toutes les langues ; c'est l'*e* que nous prononçons dans les premières syllabes de *mère, frère, belle, il mène* ; et encore dans tous les mots où l'*e* est suivi d'une consonne, avec laquelle il forme la même syllabe ; parce que, dans ces circonstances, on ne peut prenoncer ces *e* autrement, sans prendre un ton désapprouvé par le sentiment, parce qu'ils sont liés avec la consonne dont ils sont suivis, comme on peut le connaître dans ces mots, *ter*-rasser, *cruel*-lement, *net*-tement, ob-*jet*, etc. L'*e* étant naturellement ouvert dans ces syllabes, n'a pas besoin de l'accent grave.

La manière de prononcer l'*e* au commencement ou au milieu d'une syllabe, est tellement dépendante de la consonne suivante, qu'il est plus ou moins ouvert, à proportion que cette consonne demande une ouverture de bouche plus ou moins grande, et c'est par cette raison que, dans im-*per*-*cep*-tible, *per* se prononce plus ouvert que *cep*.

Les seules consonnes *m*, *n*, au lieu de faire prononcer ouvert l'*e* qui les précède dans une syllabe, lui donnent le son d'un *a* nasal, comme dans ces mots, *entête-ment*, *em*-ploi; ou d'un *e* nasal, comme dans ceux-ci, *en-nemis*, *bien*-fait, etc.

Il y a néanmoins quelques mots où l'*e* se prononce muet, quoique suivi de deux consonnes; telles que l's, le *z*, qui marquent le pluriel, ou le *nt* de la troisième personne du pluriel des verbes; parce que, dans ces occasions et autres semblables, les deux consonnes doivent être regardées comme une seule: ils *aiment*, se prononce comme il *aime*, ou du moins ces consonnes sont censées n'avoir aucune liaison avec l'*e* qui les précède.

Toutes les fois qu'un mot finit par un *e* muet, on ne saurait soutenir la voix sur cet *e* muet; puisque, si on la soutenait, l'*e* ne serait plus muet. On doit donc alors appuyer sur la syllabe qui précède cet *e* muet; en conséquence, l'*e* qui sert à former cette syllabe précédente devient un *e* ouvert commun, ou fermé, qui sert de point d'appui à la voix, pour rendre le dernier *e* muet, sur lequel on ne peut appuyer. Exemple : *aimé-je, demandé-je, je mène, j'appelle*. Le dernier *e* de chacun de ces mots est muet, il faut donc pour soutenir la voix, faire le premier *e* fermé ou ouvert accentué, *demandé-je, aimé-je, je mène, j'appelle*.

Ce que l'on vient de dire regarde la dernière syllabe des mots; car dès que la voix passe, dans le même mot, à une syllabe soutenue, cette syllabe soutenue peut être précédée de plus d'un *e* muet, *redemander, revenir*; *man, nir*, dans ces deux mots, soutiennent la voix qui vient de passer légèrement sur les deux *e* muets précédents. Nous avons même plusieurs *e* muets de suite, par des mots d'une syllabe; mais il faut toujours que la voix passe de l'*e* muet à une syllabe soutenue. Exemple : *De ce que je redemande cela*. Il y a six *e* muets de suite dans cette phrase, qui viennent s'appuyer sur *man* du mot *redemande*; mais il ne saurait s'en trouver deux précisément à la fin d'un mot.

L'*e* fort ouvert est celui qui se prononce avec une ouverture de bouche plus considérable, comme dans la première syllabe de *fermeté*, où il est ouvert long; et dans *greffe*, où il est ouvert bref.

Quand il faut beaucoup allonger la prononciation de l'*e* ouvert, au commencement, au milieu, ou à la fin des mots, on lui donne l'accent circonflexe. Ex. : *être, tête, fête, extrême, forêt, arrêt, prêt, intérêt*.

L'accent grave se met sur les *e* fort ouverts, suivis d'une *s* à la fin des mots, comme dans *abcès, décès, excès, dès*, etc.

L'*e* ouvert commun au singulier, devient ouvert long au pluriel : *le chef, les chefs*; un mot *bref*, les mots *brefs*. Il en est de même des autres voyelles, qui deviennent plus longues au pluriel.

L'*e* fermé est celui que l'on prononce en ouvrant moins la bouche qu'on ne l'ouvre lorsqu'on prononce un *e* ouvert commun. Tel est l'*e* de la dernière syllabe de *fermeté, bonté*. Cet *e* est aussi appelé masculin, parce que, lorsqu'il se trouve à la fin d'un participe ou d'un adjectif, il indique le masculin, *aimé*, *enseigné*.

L'*e* des infinitifs est fermé tant que l'*r* ne se prononce point; mais si l'on vient à prononcer l'*r*, ce qui arrive toutes les fois que le mot qui suit commence par une voyelle, alors l'*e* fermé devient ouvert commun. De là, il suit 1º que l'*e* fermé ne rime point avec l'*e* ouvert: *Aimer* ne rime point avec le substantif *mer*. 2º Que, comme l'*e* de l'infinitif devient ouvert commun, lorsque l'*r* qui le suit est liée avec la voyelle qui commence le mot suivant, on peut rappeler la rime, en disant, *aimer en, à;* parce que les voyelles *à, é*, font prononcer l'*r* qui termine le premier mot.

L'*e* muet est ainsi appelé relativement aux autres *e*; il n'a pas, comme ceux-ci, un son fort, marqué et distinct. Par exemple, dans *mener, demander*, on fait entendre l'*m* et le *d*, comme si l'on écrivait *mner, dmander*. L'*e* muet des monosyllabes *me, te, se, le, de*, est un peu plus marqué; mais il ne faut pas en faire un *e* ouvert, comme font ceux qui disent *amene-le;* l'*e* prend plutôt alors le son faible de l'*eu* diphthongue.

L'*e* muet faible, tel qu'il est dans *mener, demander*, se trouve toutes les fois qu'une consonne est suivie immédiatement d'une autre consonne. Ce principe est commun à toutes les langues. Alors on ne saurait prononcer la première de ces consonnes, sans le secours d'un esprit faible. Tel est le son que l'on entend, entre le *p* et l'*s*, dans *psalmiste, psautier;* et entre l'*m* et l'*n* de *Mnémosyne*.

Il faut toujours s'arrêter sur la syllabe qui

précède un *e* muet à la fin des mots. On ne saurait prononcer deux *e* muets à la fin d'un mot, comme on vient de le voir ; c'est la raison pour laquelle l'*e* muet de *mener* devient ouvert dans *je mène*. C'est aussi pour cela que les vers qui finissent par un *e* muet ont une syllabe de plus que les autres ; puisque la dernière étant muette, il faut appuyer sur l'avant-dernière, et laisser tomber si faiblement celle qui la suit, qu'elle ne puisse plus faire impression sur l'oreille, ni être comptée pour une syllabe capable de faire rime :

L'Eternel est son nom, le monde est son ouvrage.

L'oreille est satisfaite à la prononciation de l'avant-dernière syllable de ce vers ; *vra* est le point d'appui, après lequel on entend un son obscur et si faible, qu'il n'entre pour rien dans la prononciation soutenue du vers.

L'*e* muet est appelé *féminin*, parce qu'il sert à former le féminin des adjectifs : par exemple, *bon, bonne; saint, sainte*, etc.

On ajoute un *e* après *g*, *il mangea*, pour empêcher qu'on ne donne au *g* le son fort, *ga*; car effectivement, par le moyen de cet *e*, le son fort, qui est naturel au *g*, s'affaiblit, et se prononce comme il *manja*.

L'*e* muet est la voyelle faible de *eu*.

L'*e* est muet long dans les dernières syllabes des troisièmes personnes du pluriel des verbes, quoique cet *e* soit suivi d'*nt* qu'on prononçait autrefois. Ces deux lettres viennent du latin; *amant*, ils aiment ; *docent*, ils enseignent.

Cet *e* muet est plus long et plus sensible au pluriel qu'il ne l'est au singulier. Tout le monde sent qu'on prononce différemment *il aime*, et *ils aiment*.

L'*e* de la syllabe *de*, lorsqu'elle est au commencement d'un mot, est presque toujours fermé ; et la règle générale que l'on peut suivre, est que, quand elle donne au mot, à la tête duquel elle se trouve, une signification contraire à celle qu'il aurait, si elle en était ôtée, l'*e* y est toujours fermé.

Cette règle est sans aucune exception. *Désarmer* signifie le contraire *d'armer; désapprendre* signifie le contraire *d'apprendre; défaire, déshonorer*, etc., signifient le contraire de *faire, honorer*, etc. Voilà pourquoi, dans tous ces mots, le *de* se prononce avec l'*e* fermé.

Il n'en est pas de même des mots *demeure, depuis*, et quelques autres, où le *de* se prononce avec l'*e* muet; parce qu'il n'y a dans ces mots aucune signification privative ou de contrariété, à l'égard d'un autre mot.

Il ne s'ensuit cependant pas que tous les mots où le *de* se prononce fermé marquent cette contrariété ou privation; mais il est toujours sûr que, toutes les fois que le *de* la marque; il doit être fermé.

L'*e* est ordinairement muet dans la syllabe *re*, quand elle est la première d'un mot qui signifie réitération ou redoublement d'action, comme dans *recommander, refaire, redire*, etc.

Par conséquent l'*e* de la syllabe *re* est muet, quoique suivi de deux *ss*, dans les mots *ressentiment, ressentir, ressemblance, ressemblant, ressembler, resserrement, resserrer, ressort, ressortir, ressource, ressouvenance, ressouvenir, ressuer;* excepté *ressusciter,* où l'e de la syllabe *re* est fermé, quoique sans accent.

Cependant la syllabe *re*, quoique réduplicative, se prononce avec l'*é* fermé et accentué :

1° Quand elle est ajoutée à un mot qui commence par un *e* fermé ou par une autre voyelle. Exemples : *réchauffer, récrier, récrire, réédifier, réquipper, réchaffauder, réchapper, rélargir, rémoudre, ressuyer, rétablir, rétendre, réaggraver, rétudier, réassigner, réhabituer, réintégration, réunir,* viennent des verbes *échauffer, écrire, édifier,* etc. Tous ces mots commencent par un *e* fermé.

2° L'*e* est fermé et accentué, quoique la préposition *re* marque réduplication, quand le mot où elle se trouve ne serait pas français, ou aurait une signification différente, si on l'en séparait. *Réfléhir* a une autre signification que *fléchir. Réitérer* est un mot français, et *térer,* écrit avec un *r* simple, ne l'est point. Il en est de même des suivants : *récriminer et récrimination, réduplicatif, récidive, régénérer, réparer et réparation,* etc. Ecrivez *réduplication* et *régénération.*

Il faut cependant excepter *réformer, réconfronter,* et leurs composés, où l'*e* de la syllabe *re* est fermé, quoique l'on dise dans le même sens *formerez* et *confronterez;* on prononce la syllabe *re* avec l'*e* fermé dans *réception*, quoique ce mot soit dérivé de *recevoir*, où l'*e* est muet : il est fermé dans *relégation, réception*, et muet dans *reléguer, recevoir*, dont ils sont formés : on dit *rémission, rétention, irréligion, irréligieux*, etc., quoiqu'on dise *remettre, retenir, religion, religieux*, etc.

Souvent on emploie l'*e* muet ou l'*é* fermé pour faire signifier à un même mot différentes choses : *répartir* avec l'*e* fermé signifie *distribuer, subdiviser* ; et *repartir* avec l'*e* muet signifie *répondre* ou *partir une seconde fois*.

*De l'*I. — Il s'agit ici de la voyelle *i*, et dont la figure est différente de la consonne *j*, en ce que celle-ci s'allonge par le bas, même au milieu des mots.

i est aigu ou bref, comme *finira, difficile* ; il est grave ou long, comme *épître, gîte* ; il est nul dans *oignon, moignon, poignard, poignée, Montaigne*.

Pour marquer cet *î* long, nous mettons au dessus l'accent circonflexe.

*De l'*O. — *O* est aigu ou bref, comme *bocage, hotte*.

O est grave ou long, comme *le nôtre, le vôtre*.

L'*o* disparaît dans *Laon, faon, paon*, que l'on prononce *Lan, fan, pan*.

L'*o* ne fait seul un mot que quand il est interjection ; alors il est long, et par conséquent on lui donne l'accent circonflexe. Exemple : *ô mon père ! ô quel bonheur !*

L'*o* joint à l'*e* forme la lettre double *Œ*, qui se prononce *é*.

*De l'*U. — La plupart des langues étrangères lui donnent le son *ou*.

Du *V*. C'est l'*u* consonne ; cette lettre s'articule toujours ; redoublé, *w*, le *v* ne se trouve que dans les mots empruntés à l'anglais et à l'allemand : *Paw, landaw whist*, que l'on prononce, *pau, landau ouisth*.

De l'*Y*. L'*y* grec n'a dans notre langue d'autre son que celui de l'*i* voyelle, simple ou double.

On conserve assez ordinairement l'*y* en français, dans les mots qui viennent du grec avec le son d'un *i* simple. Exemple : *synode, tyran, syllabe*.

Le meilleur usage qu'on ait fait de l'*y* a été de l'employer dans les mots où il exprime le son de deux *i* voyelles, comme dans *crayon, moyen*; ainsi on se servira toujours de l'*y* pour exprimer le son de deux *i*, dont le premier doit se joindre à la voyelle précédente pour faire une voyelle composée, ou une diphthongue, et le second s'unit aux lettres qui suivent : ainsi il faut écrire *joyeux, moyen, royaume, essayer, doyen, boyau, abbaye, étayer*, etc. avec un *y* : mais on écrira avec un *ï* tréma *païen, aïeul*, parce que l'on n'entend, dans ces mots, que le son d'un *i* en cette sorte, *pa-ien, a-ieul* ; au lieu qu'on prononce *moi-ien, roi-iaume*, etc.

On doit prononcer : *pai-isan, ai-iant* et non *pay-san, a-yant*.

Autrefois on écrivait *moy, toy, loy, luy, roy*, etc. avec l'*y* ; mais il valait mieux écrire *moi, toi, loi, lui, roi*, etc.

Dans presque tous les verbes où l'*y* grec s'emploie pour deux *i* en certaines personnes, il se change en *i* simple en d'autres, parce qu'il n'y tient plus lieu que d'un *i*; ainsi, quoiqu'on écrive *soyons*, *voyons*, *soyez*, *voyez*, etc., il faut écrire qu'ils *soient*, qu'il *voie*, qu'ils *voient*; puisque ces personnes se prononcent comme s'il y avait simplement *qu'ils soi-ent*, *qu'il voi-e*, etc.

Il y a quelques mots où l'on entend le son de trois *i*, on doit alors mettre un *i* simple à la suite de l'*y*. Ces mots sont les premières et les secondes personnes du pluriel de l'imparfait de l'indicatif et du présent du subjonctif des verbes qui ont *y* ayant la terminaison *ant* du participe actif. Ainsi on écrira *nous payions*, *vous payiez*; que nous *payions* que vous *payiez*, parce que *payer* fait au participe actif *payant*.

Des voyelles composées. — Les voyelles composées, sont des voyelles simples, qui, réunies ensemble, expriment un son simple. Tels sont *ao, ea, ai, oi, eoi, au, ue, oeu, eau, ou*. Elles n'ont toutes qu'un son simple, par conséquent elles ne doivent être regardées que comme une seule voyelle. Aussi prennent-elles le son de la voyelle dominante.

Les lettres *ea* ont le son de l'*a* dans *il mangea*, *nous songeâmes*, et semblables, qui se prononcent comme s'il était écrit *manja*, *sonjâmes*, etc.

Ai, et *eai*, se prononcent comme un *é* fermé dans *j'ai*, dans les parfaits et les futurs des verbes, *je chantai, je lirai, je mangeai; geai* (oiseau), etc., qui se prononcent, *je chanté, je liré, je manjé, jé*.

Ee, dans *armée* et semblables, demande qu'on allonge le son de l'*e* fermé.

Ai, ei, ue, oi et *eoi* ont le son de l'*e* ouvert dans *mai, châtaigne, araignée, pleine, quête, vrai, dais, Français,* nom de notre nation ; ils *étaient,* ils *nageaient* et semblables : prononcez *mè, chatègne, arègnée, plène, kète, vrè, Français, étènt, nagènt,* etc. *Ae, oe,* se prononcent de même : le premier n'est plus en usage dans l'écriture française; car l'on n'écrit plus *Caesar, praesent* comme dans le latin; mais *César, présent* : le second se trouve encore dans *œcuménique, œsophage.* L'*e* muet qui est de plus à la fin des syllabes, *aie, oie* et *uaie,* dans *plaie, ils disaient; ils jugeaient, ils alléguaient,* ne sert qu'à allonger le son de l'*e* ouvert.

Eu, œu et *ueu* ont le son sourd et obscur de l'*e* muet prononcé fortement dans *heureux, feu, bleu, cœur, nœud, moqueur,* etc., et le son de l'*u* ; 1° dans *gageure,* 2° dans le le verbe *avoir,* comme *j'ai eu, j'eus* etc.

Ou se prononce comme dans *le genou, le courroux.*

Aou, se prononce comme *ou,* dans le mois d'août. On prononce l'*a* dans *aoûté.*

Au, eau, ao, eo, ont le son de l'*o* dans *auteur, couteau, tableau, Saône, George, geôle, geôlier,* que l'on prononce comme s'ils étaient écrits, *ôteur, couto, tablo, Sône, Jorge, jôle, jôlier. Eo* n'est pas diphthongue dans *géographie, théologie géométrie.* Les syllabes qui les composent se prononcent séparément : *gé-o-gra-phie, thé-o-lo-gie, gé-o-mé-trie.*

DES VOYELLES NASALES. — Les voyelles *nasales* sont des voyelles simples ou composées, qui, jointes à la lettre *n* ou *m,* dans une même syllabe, expriment un son simple qui se prononce un peu du nez, savoir, *am, an, ean, em, en, im, in, aim, ain; om, on, eon, um, un, eun.*

Am, an, ean, em, en, ont ordinairement le même son : *Ambigu, plan, vangeant, empire, entendement.*

Dans *em, en,* l'*e* ne prend point le son de l'*a*, mais il tient de l'*e*, 1º dans les mots terminés par *en* ou *ien*, sans autre consonne, et dans leurs dérivés : *examen, Agen, citoyen, moyen, moyennant, mien, tien, chrétien, chrétienté,* etc.

2º Dans les verbes *tenir, venir,* et leurs composés, *je tiens, je soutiens.*

3º Dans les mots pris des langues étrangères, comme *Agamemnon, Emmanuel, Jérusalem, triennal.*

In a une prononciation qui approche plus de l'*i* que de l'*e*, comme dans *intérêt, jardin.*

Im, ain, ein, aim et *eim,* se prononcent comme *ain* : *impoli, main, peinture, la faim, Reims.* (Articuler l's final).

On, eon, om, ont la même prononciation : *bon, rongeons, nom, ombre.*

Un, eun, et *um,* ont le même son, *commun, à jeun, humble, parfum. Duumvir, triumvir, centumvir,* et leurs dérivés, se prononcent ainsi : *duomvir, triomvir,* etc.

Des Diphthongues. — Le terme *diphthongue* vient de deux mots grecs qui signifient *deux sons ;* parce que la *diphthongue* est une syllabe qui fait entendre le son de deux voyelles par une même émission de voix.

L'essence de la diphthongue consiste en

deux points : 1° qu'il n'y ait pas, du moins sensiblement, deux mouvements successifs dans les organes de la parole ; 2° que l'oreille sente cependant distinctement les deux voyelles prononcées par la même émission de voix, *lieu, mieux* ; j'entends l'*i* et la voyelle *eu* ; et ces deux sons se trouvent réunis en une seule syllabe, et prononcés en un seul temps.

Il y a trois sortes de diphthongues : les simples, les composées et les nasales.

Des Diphthongues simples. — Les diphthongues *simples* se forment par la jonction de deux voyelles, savoir : *ia, ie, io, oa, oe, oi, ua, ue, ui.*

Ia : *d-ia-mant, v-ia-nde.*

Ie : *p-ié, p-io-ié, pre-m-ier.*

Io : *vi-o-le, fi-o-le.*

Oa : *F-oa* (ville) ; *f-oarre,* fourrage.

Oe : *m-oe-lle, p-oe-le.*

Oi, avec le son de l'*o* et de l'*i* : *v-oi-ielle . m-oi-ïen, r-oi-ïaume*; avec le son de l'*o* et de l'*e* ouvert, *f-oi-s, l-oi, fr-oi-d, t-oi-t, m-oi, oi-seau, d-oi-gt, t-oi-le,* etc.

Oi se prononce encore par *oua, b-oi-s,* prononcez *b-ou-a,* ou il se prononce par *ou* : *m-oi-s, p-oi-s, tr-oi-s,* etc., prononcez *m-oua, p-oua,* etc. ; c'est ainsi que se prononce la conjonction *soit.*

La plupart des noms de nations et de pays se prononcent par *oi* ; exemples : *Albigeois, Bavarois, Chinois, Danois, Gaulois, Génévois, Hongrois, Iroquois, Liégeois, Siamois, Suédois, l'Artois, l'Auxerrois, le Blaisois.*

Des diphthongues composées. — Les diphthongues *composées* sont celles qui se forment par l'union d'une voyelle simple, avec une voyelle composée, ou de deux voyelles composées ; en voici des exemples :

Iai . *b-iai-ser, n-iai-ser*.
Iau : *best-iau-x, ma-té-r-iau-x*.
Ieu : *v-ieu-x, m-ieu-x*.
Ioi : *j'étud-ioi-s*.
Iou : *ch-iou-r-me*.
Oie : *ils empl-oie-nt, j-oie*.
Oue, oue-st, f-oue-t : mais ce sont deux syllabes dans *jou-er, rou-er*.
Oui, b-oui-s, oui, de même ; mais *ouï*, participe du verbe *ouïr*; ces deux syllabes : *L-oui-s*, est de deux syllabes en vers :
Uie : *pl-uie*.
Yeu : *yeu x*.
Ieue : une *li-eue*.
Ioie : ils *étud-ioi-ent*.
Ouai : *ouai-s*, interjection.

Des Diphthongues nasales.—Les diphthongues *nasales* sont celles qui se prononcent un peu du nez, à cause de l'*n* qui les termine. Exemples :

Ouan, ouen, l-ouan-ge, R-ouen.
Ian, chât-ian-t, v-ian-de.
Ien, avec le son d'*ian* dans *pat-ien-t, expéd-ien-t, inconvén-ien-t;* et avec le son qui approche de celui de l'*i* dans *m-ien, t-ien, il v-ien-t, b-ien-fait, coméd-ien, gard-ien*, etc., qu'on prononce *miin, tiin, il viint, biinfait, comédiin, gardiin*.
Ion, que nous *aim-ion-s, d s-ion-s*, etc., *act-ion, occas-ion*. Ion est souvent de deux syllabes en vers.

Oin, t-oin, l-oin.
Uin, q-uin-quagénaire.

Des consonnes. — Il y a dix-neuf consonnes : b, c, d, f, g, h, j, k, l, m, n, p, q, r, s, t, v, x, z.

Observations générales. — Les consonnes ne sont entendues qu'avec le son de la voyelle; c'est de là que vient le nom de consonne.

L'union d'une consonne avec une voyelle ne peut se faire que par une émission de voix. Cette union est appelée *articulation.* L'articulation, ou combinaison d'une consonne avec une voyelle, fait une syllabe; cependant une seule voyelle fait souvent une syllabe : *a-jouté, cré-é, ré-u-ni.*

Les syllabes qui sont terminées par des consonnes sont toujours suivies d'un son faible qui est regardé comme un *e* muet : mais il n'est pas de même nature que l'*e* de la fin des mots : *vu-e, vi-e;* et tels sont tous les *e* de nos rimes féminines; car il y a bien de la différence entre le son faible que l'on entend à la fin du mot *bal* et la dernière syllabe du mot *balle.*

S'il y a dans un mot plusieurs consonnes de suite, il faut toujours supposer, entre chaque consonne, le son d'un *e* faible et fort bref.

Du B. — *B* se prononce à la fin des noms

propres, *Job, Jacob, Achab*, etc. Dans *radoub* et *rumb*.

B se prononce dans le corps du mot *absorber, abjection, observer, subsister*, etc. Mais, quand il y en a deux de suite, on n'en prononce ordinairement qu'un : *abbé, abbaye, abbatial, sabbat*, se prononcent comme s'il n'y avait qu'un *b*, *abé*, etc. Aussi il n'y a guère de mots français, tirés du latin, qui aient conservé le *b* ou les deux *b*. On n'écrit plus *obmettre, obmission;* mais on écrit et on prononce *omettre, omission*. On écrit aussi *abrégé* par un seul *b*, quoiqu'il y en ait deux dans le latin.

B ne se prononce pas dans *plomb, à plomb*.

Du C. — *Ca, ce, ci, co, cu*. Prononcez, *ka, se, si, ko, ku ;* parce que le *c* a ordinairement le son du *k* avant *a, o, u, au, ou*, avant *l, r*, et toutes les fois qu'il finit la syllabe. *Cabinet, colère, curé, caution, couvent, Clément, crainte, crêpe, acteur, action*.

C a le son de l's avant l'*e* et l'*i* ; *ceci, ceux, cité, cime*.

Lorsqu'avant *a, o, u*, on veut donner au *c* le son qu'il a dans *ceci*, on met au-dessous une espèce de *c* retourné, qu'on appelle *cédille*. *Façade, garçon, reçu*.

Quand dans un mot il se rencontre deux *c* de suite avant *a, o, u, ou*, il n'en faut prononcer qu'un. Il en est de même quand ils sont suivis d'un *l* et d'un *r*; *accabler, accompli, occuper, accoupler, acclamation, accréditer;* prononcez *acabler, aclamation*, etc.; excepté *Bacchus*, que l'on prononce *Bakkus*, comme étant un mot latin.

Mais si ces deux *c* sont avant un *e* ou un *i*, le premier se prononce comme un *k* : *succès, accent, accident;* prononcez *sukcès,* etc.

Le *c* se prononce fortement comme un *k* à la fin de presque tous les monosyllabes, même pluriels : *sac, duc, bec;* mais le *c* ne se prononce point dans *broc, clerc, marc, almanach, amict, estomac, tabac;* et surtout dans les noms où le *c* est précédé d'un *n; franc, blanc, tronc, jonc;* mais dans *du blanc au noir, franc étourdi,* prononcez *blan kau noir, fran kétourdi.*

Le *c* a le son du *k* dans la conjonction *donc,* lorsqu'on en tire une conséquence et qu'il commence une phrase. On ne le prononce point ailleurs, si ce n'est avant un mot qui commence par une voyelle.

On prononce le *c* comme un *g* dans *cicogne, Claude, second, secondement, seconder.*

On dit *cigogne* et *églogue* au lieu de *cicogne* et *éclogue,* malgré l'étymologie.

Cha, che, chi, cho, chu, se prononcent ordinairement, dans les mots français, comme dans *charité, chérir, choisir, chute.* Ils se prononcent comme *ka, ke, ki, ko, ku,* dans les mots tirés de l'hébreu ou du grec, *Achab, Achaïe, Nabuchodonosor, Achélaüs, Chanaan, archiépiscopal, écho, catéchumène,* etc.

Quand *ch* est suivi d'*l, n, r,* il a le son du *k* : *Chloris, Arachné, chrétien, Christ.*

Du D. — *D* se prononce dans le corps du mot, lorsqu'il est suivi d'une consonne; *admettre, adjectif, adverbe.*

Quand il y a deux *d* de suite, on les prononce ordinairement, *reddition*, *addition*.

D ne se prononce point à la fin des noms substantifs, même avant un mot qui commence par une voyelle : *brigand, chaud, froid*, etc. Ainsi, *il fait chau aujourd'hui, il fait froi aujourd'hui*. On dit néanmoins : *un grand-thomme, mettre piet-à-terre, être ruiné de font-en-comble*. *D* sonne lorsqu'il est à la fin de quelques mots étrangers, comme dans *David, Sud, Ahmed*.

Dans les noms adjectifs, le *d* final ne sonne point, si le mot qui le suit n'est pas son substantif, quand même il commencerait par une voyelle ; ainsi on prononcera *gran* et *gros*. Mais ce *d* se prononce comme un *t*, lorsqu'il est suivi d'un substantif qui commence par une voyelle : *grand auteur, fécond héritage*, se prononcent comme s'ils étaient écrits, *grant-auteur, fécont-héritage*.

Lorsque ces adjectifs sont féminins, leur *e* final ne se prononce point avant une voyelle; mais le *d* qui précède cet *e* conserve sa prononciation, et ne se change point en *t* : *grande âme, seconde observation*, se prononcent ainsi, *gran-dâme, second-dobservation*.

Le *d* qui est à la fin de la troisième personne du singulier des verbes en *re*, se prononce de même par un *t* avant ces mots, *il, elle, on*. Ainsi *rend-il*, se prononce *rentil*. Ailleurs, on ne prononce pas ce *d* final : *il s'y prend un peu tard*; prononcez, *il s'y pren un peu tard*, etc.

De l'F. — La lettre *f* se trouvant à la fin des mots, soit singuliers, soit pluriels, s'y fait sentir, lors même que le mot suivant commence par une consonne : *Juif, actif, veuf.*

F final ne sonne point dans *clef*, ni dans *chef-d'œuvre, cerf-volant*, etc.; parce que les mots qui suivent *chef, cerf*, etc. devant être prononcés tout de suite, la prononciation serait trop rude, si l'on faisait sonner la lettre *f*. A Paris, on supprime l'*f* dans la prononciation de *bœuf gras.*

Dans *nerf, œuf, bœuf*, l'*f* ne se prononce point, à moins que ces mots ne soient avant une voyelle ou à la fin d'une phrase, *nerf optique, blanc d'œuf;* mais au pluriel de ces mots, l'*f* est toujours muette, ainsi l'on dit : *les ners optiques, des bœus écorchés.*

Quand *neuf* (nom de nombre) est avant une voyelle, l'*f* se prononce avec le son de la consonne *v* : *neuf escadrons*, dites *neu-ves-cadrons.*

Quand il y a deux *f* de suite, on ne prononce pas la première : *difficile, offrir.* Il y a toutefois des nuances presque imperceptibles qu'un usage répété apprend seul à saisir : il faut être né français et instruit pour jouer avec art et justesse de cet instrument non moins délicat que le *c* et l'*e*.

Du G. — G a le son de la consonne *j* avant les voyelles, *e, i, genou, gibier;* prononcez *jenou, jibier.*

G, avant *a, o, l, r, ua, ue, uon*, a un son dur et fort : *Gabriel, gosier, glorieux, grandir, brigua, guenon, brigue, voguons.*

G a aussi le son dur, mais moins fort dans *gu, gué, guen, gui, guoit, guoient;* comme *guttural, guérir, gueule, guichet; il voguait, ils voguoient.*

Quelques grammairiens prétendent que *gangrène* doit se dire : *cangrène;* nous ne voyons pas de raison sérieuse pour partager cette manière de voir.

G, avant une *n*, se joint avec elle dans la même syllabe, pour former une prononciation mouillée, douce et nasale : *Allemagne, agneau,* et non *aneau.*

G, à la fin des noms substantifs, ne se prononce pas, même avant un mot qui commence par une voyelle : *poing; seing,* excepté *rang, sang, joug,* qui prennent le son dur du *k* avant une voyelle : *Il sua san ké eau, de ran ken rang, mon jou kest doux.* — Il est nul aussi dans *faubourg, legs, signet,* le poëte *Regnard.*

Quand le *g* se trouve à la fin d'un adjectif suivi de son substantif, qui commence par une voyelle, il faut prononcer de même ce *g* comme *k* : *un lon khiver; un lon kespace;* mais si ces adjectifs sont au pluriel, il ne faut point prononcer le *g*, mais il faut faire sonner l's comme un *z* : *les lon zétés.*

G se prononce toujours à la fin des mots étrangers : *Agag, Magog.*

De l'H. — La lettre *h* est muette ou aspirée.

Elle est muette, quand elle ne se prononce point, comme dans l'*honneur,* l'*homme,* on prononce l'*oneur,* l'*ome;* excepté *huit, huitième, huitaine,* qu'on écrit et qu'on prononce sans élision, *le huit,* etc.

La lettre *h* est aspirée quand elle se prononce avec force, et qu'elle fait prononcer du gosier la voyelle qui la suit : *le héros se hâte.* Cette *h* est une véritable consonne ; elle ne souffre donc pas l'élision. On ne dira pas, l'*héros se hâte,* ni *le héros s'hâte, etc.*

C'est une règle générale que l'*h* ne s'aspire pas dans les mots français qui la tiennent du latin, dont ils sont formés. Le mot *une heure,* par exemple, vient du latin *hora,* prononcez *une heure.*

H est aspirée dans les mots suivants :

Hâbler,
hache,
hacher,
hagard,
haie,
haillon,
haïr,
haire,
hallebarde,
hâle,
halle,
halte,
hamac,
hameau,
hanche,
hanneton,
hanter,
haras,
harangue,
harasser,
harceler,
hardes,
hardi,

hareng,
hargneux,
haricot,
haridelle,
harnais,
haro,
harpe,
harpie,
harpon,
hasard,
hâter,
hausser,
haut,
hautbois,
havre,
hennir,
héraut,
hérisser,
héros (et non ses
 dérivés),
herser,
hêtre,
heurter,

hibou,
hideux,
hiérarchie,
holà,
Hollande,
homard,
hongre,
Hongrie,
honte,
hoquet,
horde,
hormis,
hotte,
houblon,
houer,
houille,
houlette,
houppe,
houppelande,
houspiller,
housse,
huche,
huée,

GRAMMAIRE.

huguenot, hure, hussard,
humer, hurlement, hutte.
huppe,

H est aussi aspirée dans les mots formés des précédents ; exceptez *exhausser, exhaussement, héroïsme, héroïne, héroïque*. On prononce *egzausser, une-éroïne, fait-téroïque*.

L'*h* ne se prononce pas dans *chr*, *th* et *rh*, dans une même syllabe, *christ, catholique, théologie, rhumatisme;* prononcez *crist, catolique*, etc.

L'*h*, à la suite du *p*, lui donne, sans exception, le son de l'*f* : *philosophie;* prononcez *filosofie*, etc.

Du J. — La consonne *j* commence la syllabe et se trouve toujours avant une voyelle : *ja, je, ji, jo, ju*.

Du K. — On ne se sert plus de la lettre *k* que dans les mots qui nous viennent des langues du Nord ou de l'Orient ; on écrit aussi avec le *k*, *kyrié, kyrielle*.

Le *k* avant *a, e, i, o, u et y*, se prononce d'une manière uniforme, et comme le *c* dur avant *a, o, u*.

De l'L. — L finale se prononce ordinairement, *bail, péril, mil, ciel;* exceptez les mots *col, licol, sol*, qui se prononcent et s'écrivent même *cou, licou;* on écrit et on prononce : *mol, fol*, devant une voyelle, un *fol amour, mol et efféminé; mou et fou*, ailleurs que devant une voyelle ; *un homme mou, un homme fou*.

4° L ne se prononce point dans *baril, chenil, outil, fusil, sourcil, gentil* (joli), à moins qu'il ne suive une voyelle ; ni dans *fils et gentilshommes*.

5° Quand il y a deux *ll* de suite, on n'en prononce qu'une ordinairement : *allumer, collége*, etc.

L'*l* mouillée est celle qui se prononce d'une manière liquide et coulante ; tantôt on l'indique par une seule *l*, tantôt par deux, quelquefois par l'*h*, en la faisant presque toujours précéder de la voyelle *i*; mais cet *i* n'indique pas pour cela toujours l'*l* mouillée, comme on le voit dans *gille, subtil, exil*, etc.

*De l'*M.—Cette lettre a le son de l'*n*, avant une autre *m*, un *b*, un *p*, un *t* : *emmener, ambassade, bombarder, compter, comté*; car on prononce *enmener, anbassade*, etc.

On prononce les deux *mm*, 1° dans les noms propres : *Ammon, Amsterdam*; 2° dans les mots qui commencent par *imm, immédiat, immense*; 3° dans *comminatoire, commutation, commisération*; la seconde *m* disparaît dans *commission*.

On ne fait point sentir l'*m* à la fin d'une syllabe, lorsque la suivante commence par une *n* : *automne, condamner, solemnel* : il faut prononcer *autome, condaner, solanel*; exceptez *hymne, automnal, amnistie, calomnie, indemnité*, et peu d'autres.

Quand *em* est suivi d'une *m*, on prononce *an* : *emmancher*; prononcez *anmancher*, etc.

M finale se prononce avec le son de l'*n* nasale, même avant une voyelle : *Adam, daim, parfum*.

*De l'*N.—La consonne *n* se prononce toujours

à la fin d'un pronom ou d'un adjectif, lorsqu'il est immédiatement suivi de son substantif, qui commence par une voyelle ou une *h* muette : *mon âme, ton ami, un homme bien adroit :* prononcez *mon nâme, ton nami, un nhomme bien nadroit.*

L'*n* finale n'a que le son nasal dans les autres mots, soit substantifs, soit adverbes, ou autres, de quelque manière que commence le mot suivant : *plan utile, vin exquis, bien avantageux,* etc.; ne prononcez pas : *plan nutile,* etc.

N se prononce dans les adverbes : *en, on, bien, rien;* quand ils ont une relation étroite avec le mot suivant : *on apprend en étudiant, bien heureux, bien habile, rien en tout;* prononcez *on napprend en nétudiant,* etc. Mais on prononce avec une seule *n* : *bien* et *rien,* quand ils n'ont pas une relation étroite avec le mot suivant : *vous savez bien où je vais, je ne fais rien ici. On* étant après son verbe dans une interrogation, et *en* étant après un impératif, n'appuyez pas l'*n* sur la voyelle qui commence le mot suivant : *ira-t-on à la campagne? est-on allé à la messe? donnez-en un autre.*

Dans les mots où il y a deux *nn* de suite, on n'en prononce qu'une : *annexe, anniversaire; annonce, connaissance,* etc. ; excepté *annales, annelet, annexé, innover,* etc.

L'*n* se fait sentir double à la fin d'*un*, lorsqu'il est suivi d'un nom substantif, ou adjectif qui commence par une voyelle : *un noiseau, un navantage;* ailleurs on n'entend qu'une *n* : *un et deux.*

Du P. — *P* se prononce devant toutes les lettres, excepté devant l'*h*.

Ph se prononce *f* : *Phare, géographie, amphibie*, etc., se prononcent, *Fare, géografie, amfibie*.

Il ne sonne pas dans *dompter, prompt, baptême* (ni dans les dérivés, excepté *baptismal*); dans *cep* et dans *exempt*.

Il sonne dans *trop, beaucoup*, suivis d'une voyelle : dans *psalmodier, psalmodie, psalmiste, psaltérion, septante, septembre, septentrion, assomption, exemption, rédemption* : dans *accepter, excepter*, et leurs dérivés : cependant le *p* ne se prononce pas dans *sept* suivi d'un mot commençant par une consonne : *sept francs*, pour *cè-francs*.

P sonne encore dans *Apt* (ville), *cap, Gap*.

Du Q. — *Q* se prononce à la fin des mots, *cinq* et *coq*, lorsqu'ils sont avant une voyelle, ou une *h* non aspirée.

Q ne se prononce point avant une consonne : *cinq garçons, un coq d'Inde*; prononcez *cin garçons, un co d'Inde*.

Qua se prononce *coua* dans les mots suivants : *aquatique, équateur, équation, quadragénaire, quadragésime, quadrangulaire, quadrature, quaker* (qu'on prononce *kouâcre*), *quadrupède, in-quarto* : prononcez *acouatique, écouateur*, etc., en observant que *oua* ne forme qu'une seule syllabe, et qu'il faut passer rapidement sur *ou*, pour ne s'appuyer que sur l'*a*.

Quin, se prononce *cuin*, dans les mots suivants : *quinquagénaire, quinquagésime, Quintilien, quintuple, Quinte-Curce*; on prononce : *cuincouagénaire*, *cuincouagésime*, *cuinconce*, *Cuintilien*, etc.

De l'R. — On fait toujours sonner l'*r* à la fin des mots d'une syllabe ; et de ceux qui se terminent en *air*, *ar*, *ard*, *art*, *eur*, *or*, *our*, *ur*, *oir*, *ir*, *er* ; *chair*, *César*, *lard*, *départ*, *docteur*, *trésor*, *Médor*, *tour*, *obscur*, *espoir*, *vouloir*, *soupir*, *partir*, *cancer*, *Jupiter*.

R finale ne sonne pas dans les mots de plusieurs syllabes en *er* et en *ier* : *chanter*, *boulanger*, *châtier* ; on prononce *chanté*, *boulangé*, etc. : *r* ne se prononce pas dans *monsieur*.

Quand il y a deux *rr* de suite, on n'en prononce ordinairement qu'une : excepté, 1° dans *errant*, *errata*, *aberration*, *abhorrer*, *errer*, *erreur*, *horreur*, *terreur*, et leurs dérivés ; 2° dans les mots qui commencent par *ir* : *irradiation*, *irréconciliable*, *irruption* ; 3° dans les futurs et dans les conditionnels présents des verbes *courir*, *acquérir*, et de leurs composés : *je courrai*, *j'acquerrai*, *je courrais*, *j'acquerrais*.

De l'S. Deux *ss* entre deux voyelles se prononcent toutes deux, mais sans exagérer l'émission du son ; ex. : *basse*, *bassin*, *boisseau*, *buisson*, *casser*, *chausse*, *coussin*, *écrevisse*, *massue*, *moisson*, *poisson*, *ruisseau*, *tasse*, *vassal*, *pressentir*, *ressource*, *assurer*, *assigner*.

S a le son du *z* : 1° entre deux voyelles : *base*, *oiseau*, *chose*, *rose*, *désunir*, *maison* ; excepté *monosyllable*, *parasol*, *préséance*, *désuétude*, *présupposer*, *Melchisédech* ; parce que ce sont des mots composés ; 2° dans la syllabe *trans*, suivie d'une voyelle : *transition, transaction, Transylvanie, transiger*; 3° devant un *d*, un *h*, et semblables consonnes : *Asdrubal, Esdras, presbytère, Israël*.

L's se met toujours à la seconde personne des verbes au singulier, à l'imitation des Latins : *tu finis, tu reçus*; elle se met aussi à la fin des noms pluriels, tant subtantifs qu'adjectifs, terminés par un *e* fermé : des *vérités admirées*.

S finale, suivie d'une voyelle avec laquelle on doit l'unir dans la prononciation, prend le son du *z* : *nous irons à Nancy; de plus en plus, vis-à-vis, de temps en temps, pas à pas, dos à dos*, etc.; tous ces petits mots, et d'autres semblables, ne semblent faire qu'un; la prononciation de l's comme d'un *z*, les unit étroitement.

Sc, au commencement du mot, et suivis d'un *e* ou d'un *i*, ont le son de l's simple : *scène, sceptique, science, scier*.

Sh se prononce comme *ch*.

S initiale, suivie de *che, chi*, ne se prononce pas : *schelling, schisme*, etc.

On prononce fortement l's quand elle est suivie de *ca, co, cu, cl, cr*, ou d'une autre consonne : *Scarron, scorbut, sculpteur, esclave, scrupule, ostentation*.

Du T. — Le *t* conserve ordinairement le son qui lui est propre, savoir : *ta, te, ti, to, tu*; comme dans *table, témoin, timide, toque, tulipe*; lorsque *ti* est suivi d'une voyelle, le *t* a quelquefois le son du *c*, ou *s*, et quelquefois il garde le son dur qui lui est propre.

Il a le son de c ou s, 1° dans le mot *patient*, et ses dérivés, et dans les adjectifs en *tial, tiel, tieux*, et les mots qui en dérivent ; comme *initial, essentiel, factieux*.

2° Dans les mots terminés en *cratie* : *démocratie, aristocratie*, etc.

3° Dans les mots terminés en *tie* : *Galatie, Boétie, argutie, minutie, primatie*, etc.

4° Dans les mots terminés en *ien*, quand ce sont des noms propres, ou de pays, comme *Domitien, Vénitien*, etc. ; et dans *quotient*, qui se prononce *quocian*.

5° Dans *satiété*, et ses dérivés.

6° Dans les verbes, *initier, balbutier*; *j'initiais, je balbutie*.

7° Avant la syllabe *on*, à la fin des substantifs et dans les mots qui en sont dérivés ; comme *collation, nation, perfection, collationner*, etc.

Mais dans la même syllabe *ti*, le *t* garde sa valeur : 1° lorsqu'il ne suit pas une voyelle : *incontinent*; 2° dans tous les mots où *ti* est précédé d'un *s*, comme *indigestion, question*, etc. un *x* fait le même effet : *mixtionner*, etc.; 3° dans tous les noms en *tié* ou *tier*, *pitié, chantier*, etc. ; 4° dans ceux terminés en *tie* qui ne sont pas compris dans les règles supérieures ; comme *partie, sortie*, etc.; et dans le mot *galimatias* ; 5° dans les mots *chrétien, soutien, antienne, Etienne*, et autres semblables; comme aussi dans le verbe *je tiens, tu tiens*; et dans ses composés *je contiens, je soutiens*, etc.; 6° dans tous les temps du verbe *châtier*, et dans les temps des autres verbes en *tions*, et en *tiez*; comme *nous battions, nous portions; vous battiez, vous portiez,* etc.

T final, précédé d'une voyelle, se prononce lorsque le mot suivant commence par une voyelle : *un état horrible, droit à la ville;* prononcez *un éta torrible, droi tà la ville.*

Mais 1º il ne se prononce jamais au pluriel : *des éta zaffreux.*

2º Il ne sonne pas dans les mots dont la dernière syllabe est longue : *forêt, prévôt, goût*; ainsi, on prononce *une forè épaisse.*

Cependant, si le nom *prêt* est adjectif, et suivi d'un nom qui commence par une voyelle, on y fait sonner le *t* : *prêt à tout.* On le fait aussi sonner dans *haut*, avant le substantif *édifice*, et autres semblables.

T final sonne, lorsqu'il est précédé d'une voyelle dans la plupart des noms monosyllabes qui terminent une phrase : *je paye une bonne dot, c'est un sot, un fat.*

T sonne toujours dans *ult*, *apt*, *Christ* lorsqu'il est seul ; *indult, rapt, est* (vent) ; il sonne aussi avec le *c* dans *exact, pacte; tact, correct, direct;* mais il est muet dans *aspect, respect, instinct.*

T final, précédé d'*n* ou d'*r* dans les noms substantifs, ne se prononce jamais qu'en lisant, ou en récitant des vers : *un désert affreux, un fort impénétrable.*

Mais si le nom est adjectif, et s'il est joint à un substantif, on doit prononcer le *t*, même dans le discours familier, lorsqu'il est avant une voyelle : *un savant homme, un fort animal;* on prononce *un savan thomme,* etc.

Le *t* final dans les verbes, quoique suivi

d'une voyelle, ne se prononce jamais, à moins que ce ne soit en interrogeant, avant les pronoms *il* ou *elle* : *il part aujourd'hui*; on prononce, *il par aujourd'hui*; mais en interrogeant, *part-il?*

T finale se prononce dans les troisièmes personnes du pluriel des verbes, lorsque leur dernière syllabe n'a pas le son de l'e muet, et que le mot suivant commence par une voyelle : *ils vont à la campagne*. Il en est de même des participes en *ant*: *allant à la ville*. On fait sentir le *t* quand on interroge : *donnent-ils?* prononcez *donne tils?* Pour éviter le bâillement, on met un *t* entre deux traits d'union quand le mot qui précède *il* ou *elle* finit par une voyelle : *aime-t-il? viendra-t-elle?*

On fait toujours sonner le *t* final dans *cent*, avant un substantif ou un adjectif qui commence par une voyelle : *cent écus, cent hommes*; dites *cen técus, cen thommes*; mais il est muet avant d'autres mots : *cent un, cent onze, un cent ou deux*, que l'on prononce *cen un*, etc.

On fait toujours sonner le *t* final dans *vingt* avant un nom de nombre, quand même il commencerait par une consonne: *vingt deux*; prononcez le *t* comme dans *vingt et un*; ailleurs il ne sonne qu'avant un nom substantif ou adjectif qui commence par une voyelle : *vingt écus*; c'est pourquoi l'on prononce *vingt livres* comme s'il était écrit *vin livres*. On ne prononce jamais le *t*, quand ce mot est à la fin d'une phrase : *nous en avons vingt*. Le *t* ne se prononce jamais, ni même l's dans *quatre-vingts et six-vingts*, si ce n'est avant un nom qui commence par une voyelle : *quatre-vingts écus*, prononcez *quatre-vin-zécus*.

Le *t* se prononce toujours dans *sept* et dans *huit* avant une voyelle et à la fin d'une phrase, mais il ne se prononce pas ailleurs.

T, précédé d'une *n* ou d'un *r*, se prononce dans les adverbes avant une voyelle : *avant un mot, fort au long* on prononce *avan tun mot*, etc.

Le *t* ne sonne jamais dans la conjonction, et même avant une voyelle : *lui et elle;* dites *lui é elle;* au lieu que le *t* dans *est*, verbe, se prononce avant une voyelle : *il est à la maison;* prononcez *il è tà la maison*.

Du V. — La consonne *v* ne se prononce jamais à la fin des mots ni des syllabes de notre langue ; mais lorsqu'elle se trouve au commencement ou au milieu des mots, elle sonne, comme dans *va, ve, vi, vo, vu, vra, vre, vri, vro, vru*.

De l'X. — L'*x* est une lettre double qui vaut *c s*, ou *gs*, et dont la prononciation contient toujours l'*s*.

Cette consonne se prononce *gze* dans tous les mots qui commencent par *ex*, lorsqu'elle est suivie d'une voyelle : *examen, exorde, Xavier*. Dans les autres occasions, *x*, au commencement des mots, se prononce pour l'ordinaire *c s*, ou *qse*, comme dans *Xantippe;* il en est de même, lorsque cette lettre est au milieu des mots, comme dans *Alexandre*, que l'on prononce *Csantippe, Alecsandre*. Quand la syllabe *ex* est suivie de *ce* ou *ci*, *x* prend le son du *k* : *exceller*, lisez *ekceller*.

X se prononce comme *s* dure dans les mots *six* et *soixante;* dans *deuxième, dix, dixième, dixaine, sixain, sixième*, il a le son du *z*. *Aix* et *Cadix* se prononcent *Aisse*, *Cadisse*. Prononcez avec le son de l'*s* dure *Bruxelles, Auxerre, Auxonne*.

X final se prononce *c s* à la fin des mots terminés en *ax, ex, ix, ox, ux* et *inx*. : *Dax, Gex, sphinx, styx*, etc.

X est muet dans les mots *prix, crucifix, flux* et *reflux;* et dans les mots terminés en *aix, aux, eux, oix*, et *oux*. Il l'est aussi après *six* et *dix* suivis d'un mot qui commence par une consonne, et auquel ils se rapportent, comme *six maisons, dix fusils*.

Prononcez comme un *z* l'*x* final et muet, quand il est devant une voyelle, dans les circonstances suivantes : 1° dans le mot *paix* suivi de son adjectif, *paiz infâme;* 2° dans l'article *aux*, *aux amis;* lisez *au zamis;* 3° dans les substantifs qui n'ont point *x* au singulier, et qui sont suivis de leurs adjectifs, *chevau zalertes;* 4° dans les adjectifs suivis de leurs substantifs, *fâcheu zaccidents, beau zhabits;* 5° après les mots *six* et *dix* suivis des noms ou pronoms auxquels ils se rapportent ; 6° dans les verbes *je veux*, lorsqu'on dit, *j'en veu zune*.

De l'Y. — *Y* a le son de l'*i* simple dans *y, vas-y* : il a le même son entre deux consonnes dans les mots qui viennent du grec *asyle, mystère*. On écrit aussi avec l'*y yeux*. *Y* placé dans un mot, entre deux voyelles, a le son de deux *i*; *pays* se prononce *paï-is*, etc.

Du Z. — Le *z* se prononce *zède*. C'est une lettre double que les Latins prononçaient fort légèrement avec le son du *d* et de l'*s* : nous prononçons cette lettre avec un son très doux, soit au commencement, soit au milieu des mots, et à la fin des noms propres de personnes ou de lieux. Exceptez *Metz*, *Séez* (villes) où le *z* se prononce comme une *s* forte, ou une double *ss*.

Quand *z* finit un mot, il ne produit aucun son, du moins avant une consonne ; mais si le mot suivant commence par une voyelle, le *z* final se fait quelquefois entendre dans la prononciation ; mais dans la conversation, il est toujours muet, même avant une voyelle.

Z ne doit être admis, en français, que dans les mots dérivés du grec ou du latin, et pour caractériser, dans les verbes, les secondes personnes du pluriel, dont les terminaisons ont le son de l'*e* fermé, comme *vous aimez, vous avez reçu, vous finirez, vous auriez lu*; c'est par le *z* que ces secondes personnes sont distinguées des participes qui se terminent toujours par une *s*, de même que les substantifs et les adjectifs, quand ils sont au pluriel, et qu'ils ont leur singulier terminé en *e* : *le livre, les livres; la bonté, les bontés, aimé, aimés*.

V

De quelques mots qui se distinguent peu ou point par la prononciation, et très fort par l'écriture.

A, il *a* du bien.
A, il s'adresse *à* Dieu.
Ah ! ha ! que ce cantique est beau.
Abats, tu *abats* ces noix.
A bas, ce miroir est *à bas*.
Abaisse, un revers *abaisse* les orgueilleux.
Abbesse, l'*abbesse* d'un couvent.
Air, l'*air* de Meudon est sain.
Aire, *aire* d'une grange.
Erre, il *erre* dans son calcul.
Allée, *allée* d'un jardin.
Allée, elle est *allée* aux champs.
Hâlée, brûlée et noircie du soleil.
Ancre, mouiller l'*ancre*.
Encre, écrire avec de bonne *encre*.
Appris, il est bien *appris*.
A pris, elle *a pris* cette médecine.
A prix, ce velours à bon *prix*.
Antre, caverne.
Entre, elle *entre* dans le salon.
Autel, le prêtre est à l'*autel*.
Hôtel, l'*hôtel* des ambassadeurs.
Balle, jeu.
Bal, le *bal* de l'Opéra.
Bâle, ce livre est imprimé à *Bâle*.
Ballet, il danse dans le *ballet*.
Balai, instrument pour balayer.

Ban, il est mis au *ban* de l'opinion.
Banc, pour s'asseoir.
Beau, cet enfant est *beau*.
Baux, les *baux* des maisons.
Bon, c'est un *bon* homme.
Bonds, il va par sauts et par *bonds*.
Cap, il a passé le *cap* breton.
Cape, rire sous *cape*.
Car, *car* on lui a reproché.
Carre, il se *carre* d'importance.
Quart, le *quart* d'un entier.
Ceint, il se *ceint* de son écharpe.
Sain, ce vieillard est bien *sain*.
Saint, *saint* Antoine.
Sein, le *sein* de la Vénus de Milo.
Seing, c'est son *seing*.
Celle, vous verrez *celle* que j'estime.
Scelle, il *scelle* sa lettre.
Scel, apposer le *scel*.
Sel, condiment.
Cent, il a reçu *cent* écus.
Sang, on lui a tiré du *sang*.
Sans, il partira *sans* lui.
Sent, il *sent* bon.
Ceps, bois de la vigne.
Cet, *cet* article est vrai.
Sait, Julie *sait* bien sa langue.
S'est, Dieu *s'est* fait homme.
Chair, la *chair* est bonne.
Chaire, *chaire* du prédicateur.
Cher, ce *cher* enfant.
Chère, la viande est *chère*.
Chœur, les *chœurs* de l'Opéra.
Cœur, le *cœur* est préférable à l'esprit.
Cire, la *cire* vierge.

Sire, titre donné aux rois.
Chaud, cet été est fort *chaud*.
Chaux, des fours à *chaux*.
Choc, ce carrosse a fait un *choc*.
Choque, un rien le *choque*.
Clause, la *clause* d'un contrat.
Close, cette chambre est bien *close*.
Compte, il a rendu son *compte*.
Comte, dignité nobiliaire.
Conte, c'est un *conte* à rire.
Cour, la *cour* du parlement.
Cour, *cour* d'une maison.
Cours, le *cours* de la Seine.
Court, il *court* très vite.
Dam, cela s'est fait à son *dam*.
Dans, il est *dans* l'église.
Dent, il a la *dent* belle.
Décent, cet habillement est *décent*.
Descend, il *descend* les escaliers.
De sang, de *sang*-froid.
De sens, homme de grand *sens*.
Défait, le lit est *défait*.
D'effets, plus de paroles que *d'effets*.
Doigts, on lui a coupé le *doigt*.
Doit, il *doit* cent louis.
D'or, un louis *d'or*.
Dore, il *dore* ce livre.
Dort, il *dort* le matin.
Elle, *elle* m'a dit cela.
Aile, l'*aile* d'une volaille.
Envie, il *envie* son bonheur.
Envie, l'*envie* est une passion.
En vie, cet homme est *en vie*.
Etang, cet *étang* est plein de poissons.
Etant, cela *étant* très assuré.

Etend, il *étend* son discours.
Et tant, *et tant* s'en faut.
Etain, l'*étain* d'Angleterre.
Eteint, il *éteint* sa lumière.
Face, une grosse *face*.
Fasse, que chacun *fasse* son devoir.
Faim, avoir *faim*.
Feint, ce compliment est *feint*.
Fin, la *fin* d'un discours.
Faux, à faucher les blés.
Faut, il *faut* que cela soit.
Faux, cela est *faux*.
Faire, que voudriez-vous *faire*?
Fer, un siècle de *fer*.
Fère, la *Fère* en Picardie.
Foi, acte de religion.
Foie, un *foie* de chapon.
Fois, il l'a répété trois *fois*.
Foix, le pays de *Foix*.
Gens, ces *gens*-là.
Jean, saint *Jean* l'évangéliste.
J'en, *j'en* suis bien aise.
Goutte, *goutte* d'eau; *goutte* aux pieds.
Goûte, il *goûte* les plaisirs.
Guère, Rosette n'est *guère* polie.
Guerre, il est en *guerre*.
Hôte, je vais chez mon *hôte*.
Hotte, il porte la *hotte*.
Ote, il *ôte* son habit.
Jeune, ce *jeune* enfant.
Jeûne, c'est mercredi *jeûne*.
Laid, c'est un homme *laid*.
Lait, c'est du *lait* de chèvre.
L'ait, quoiqu'il *l'ait* trouvé.
Lard, le renard est friand de *lard*.

L'art, *l'art* de tourner.
Lire, *lire* une lettre.
L'ire, synonyme de *colère*.
Lyre, il touche la *lyre*.
L'huis, porte d'une maison.
Lui, c'est *lui*-même.
Luit, le soleil *luit*.
Maître, voilà le *maître* du jardin.
M'être, ce qui peut *m'être* utile.
Mettre, *mettre* sa coiffure.
Mal, j'ai *mal* à la tête.
Mâle, le coq est le *mâle*.
Malle, sa *malle* est arrivée.
Maire, c'est le *maire* de la ville.
Mer, la *mer* est en tourmente.
Mère, sa *mère* est morte.
Mire, cet homme se *mire* souvent.
Mirent, ils se *mirent* au jeu.
Myrrhe, les rois mages offrirent de la *myrrhe*.
Maur, son patron est saint *Maur*.
Maure, il est né dans la *Mauritanie*.
Mord, le chien *mord*.
Mors, frein d'un cheval.
Mort, le jardinier est *mort*.
Né, il est bien *né*.
Net, ce pauvre est propre et *net*.
Nez, il a le *nez* long.
Ni, *ni* Julie, *ni* Thérèse.
Nid, le *nid* d'un serin.
Nie, il *nie* tout.
N'y, il *n'y* a rien à voir.
Nom, à peine écrit-il son *nom*.
Non, oui et *non*.
N'ont, ces gens *n'ont* pas raison.
Pain, ce *pain* est bon.

Peint, ce tableau est bien *peint*.
Pin, le *pin* est un bel arbre.
Paon, fier comme un *paon*.
Pan, dieu des bergers.
Pan, ce *pan* de mur menace ruine.
Pend, le fruit *pend* à l'arbre.
Poids, le mercure est d'un grand *poids*.
Pois, c'est la saison des petits *pois*.
Poix, *poix* résine.
Pond, la poule *pond*.
Pont, il a passé le *pont*.
Puis il va, *puis* il revient.
Puits, l'eau d'un *puits*.
Rang, son *rang* est considérable.
Rend, le banquier *rend* l'argent.
Rond, ce bassin est *rond*.
Rompt, cet homme me *rompt* la tête.
Sans, *sans* vous j'étais perdu.
Sens, ce discours est de bon *sens*.
Sang, il est du *sang* des rois.
Cent, cela coûte *cent* francs.
Cens, redevance.
Signe, vous vaincrez par ce *signe*.
Cygne, le *cygne* est blanc.
Teint, un beau *teint*.
Teint, ou *teint* en écarlate.
Tint, il *tint* parole.
Tant, il a *tant* en mariage.
Temps, le *temps* s'écoule bien vîte.
T'en, il *t'en* donnera.
Tend, cela *tend* à sa perte.
Tente, il campe sous la *tente*.
Tante, j'écris à ma *tante*.
Ton, *ton* ouvrage.
Ton, le bon *ton*.

Tond, on *tond* les moutons.
Thon, une salade de *thon*.
Toit, la pluie perce le *toit*.
Toi, c'est *toi*-même.
Vain, cet homme est *vain*.
Vin, le *vin* réjouit.
Vingt, quatre fois cinq font *vingt*.
Vint, il *vint* hier fort tard.
Ver, le *ver* naît comme les autres animaux.
Verre, rincez ce *verre*.
Vers, il fait des *vers* et de la prose.
Vert, son plumage est *vert*.
Vers, il court *vers* lui.
Ville, la *ville* de Lille.
Vile cette conduite est *vile* et abjecte.

VI

Des vices opposés à la pureté du langage.

Ils sont au nombre de six :
Le *barbarisme*, le *solécisme*, le *galimatias*, le *phébus*, les *équivoques* et le *langage précieux*.

On entend par *barbarisme* l'emploi d'un mot qui n'est pas français. Tel est le mot *invaincu*, dans ce vers de Corneille :

Ton bras est *invaincu*, mais non pas invincible..

Un *solécisme* est un vice qui choque les règles établies par les grammairiens; comme lorsqu'on dit, *assisez*-vous pour *asseyez-vous*; votre éventail est fort *belle*, au lieu de votre éventail est fort *beau* ; ces légumes sont *excellentes*, au lieu de ces légumes sont *excellents;* ou encore, *j'allons, je vînmes*, au lieu de *nous allons, nous vînmes*.

Le *galimatias* consiste dans un embarras et une confusion de paroles mises sans ordre et sans jugement : telle est cette description du château de Tuffière dans une comédie :

Vous le voyez de loin qui forme un pentagone,
Ce superbe château, pour que vous en jugiez,
Et même beaucoup mieux que si vous le voyiez.
D'abord ce sont sept tours, entre seize courtines...
Avec deux tenaillons placés sur trois collines.....
Qui forment un vallon dont le sommet s'étend
Jusques sur...... un donjon..... entouré d'un étang ;
Et ce donjon placé justement..... sous la zone,
Par trois angles saillants forme le pantagone.

On appelle *phébus* ou *pathos*, des expressions guindées, ampoulées, qui n'ont qu'une beauté apparente, un faux éclat, sans rien de réel et de solide ; tel est le compliment de Thomas Diafoirus à Angélique : « Mademoiselle, ne plus ne moins que la statue de Memnon rendit un son harmonieux lorsqu'elle venait à être éclairée des rayons du soleil, tout de même me sens-je animé d'un doux transport à l'apparition du soleil de vos beautés, etc. » (MOLIÈRE, *le Malade imaginaire*.)

Les *équivoques* sont des expressions qui forment un double sens ; comme lorsqu'on dit : *je l'aperçus en sortant de l'église* ; on ne sait si le sortant est celui qui aperçoit, ou si c'est la personne aperçue ; ainsi il faut dire : je l'aperçus *lorsqu'il sortait* ou *en sortant. Monsieur* voilà *le cheval* que vous demandez. *Madame*, ce livre a été relié en *veau*, et non point : voilà, *Monsieur, le cheval* que vous demandez. Ce livre a été relié en *veau, Madame.*

Le *langage précieux* est une affectation ridicule de se servir des termes recherchés : tel est le discours d'un marquis de comédie à ses porteurs de chaise : *Voudriez-vous, faquins, que j'exposasse l'embonpoint de mes plumes aux inclémences de la saison pluvieuse, et que j'allasse imprimer mes souliers en boue ?*

VII

DES LOCUTIONS VICIEUSES

En supposant qu'un élève ait acquis une bonne prononciation, qu'il s'est bien pénétré des préceptes basés sur l'observation et sur les origines de la langue, il faut encore qu'il évite l'emploi de ces phrases toutes faites auxquelles les conversations de la vie familière ont trop souvent recours. Dans le but de remédier à cet inconvénient, il nous a semblé utile de grouper les principales locutions vicieuses qu'il est toujours bon d'éviter; autant on doit fuir l'affectation de purisme exagéré, autant doit-on ne pas aller à l'étourdie s'échouer sur les écueils du sans-gêne, où le barbarisme guette le naïf navigateur, l'étreint dans ses griffes et le dévore. On pouvait parler sa langue, et l'on ne parle plus qu'un affreux patois, lorsqu'il est si facile, avec un peu d'attention et de mémoire, de rester dans le droit chemin.

LOCUTIONS VICIEUSES	LOCUTIONS RECTIFIÉES
Le livre à mon frère, la fête à Versailles.	Le livre de mon frère, la fête de Versailles.
Il en a bien agi, il en a mal agi.	Il a bien, il a mal agi.
Nous étions dix à douze réunis.	Nous étions dix ou douze.
A bonne heure.	De bonne heure.
Acheter bon marché.	Acheter à bon marché.
Cette femme a l'air méchante.	Cette femme a l'air méchant.
Allumez la lumière.	Allumez la bougie, ou la chandelle, ou la lampe.
De grandes angoises.	De grandes angoisses.
Airé (lieu).	Aéré (lieu).
Je me suis en allé.	Je m'en suis allé.

Ajamber un fossé.	Enjamber un fossé.
De la bonne amadou.	De bon amadou.
Angola (chat).	Angora (chat).
Arche de triomphe.	Arc de triomphe.
Une belle arc-en-ciel.	Un bel arc-en-ciel.
Apparution.	Apparition.
L'appel est faite.	L'appel est fait.
Il est après à lire.	Il est à lire.
La clef est après la porte.	La clef est à la porte.
Apprentisse.	Apprentie.
Aussitôt son départ.	Aussitôt après son départ.
Avan-hier.	*Prononcez* : Avant-hier (*tier*).
Bâiller aux corneilles.	Bayer aux corneilles.
Ce vin m'a fait bien du bien.	Beaucoup de bien.
Boulvari.	Hourvari.
Bisquer, je bisque.	J'enrage, je peste.
Homme bileux.	Homme bilieux.
Une bûche de bois.	Une bûche.
Il brouillasse.	Il bruine.
Casuel (vase).	Fragile, cassant.
Casterolle, castonade.	Casserolle, cassonade.
Caneçon.	Caleçon.
Célébrale (fièvre).	Cérébrale.
Centaure (voix de).	Stentor (voix de).
Il faut vous changer, vous êtes tout mouillé.	Il faut changer de vêtements.
Chipoteur, chipoteuse.	Chipotier, chipotière.
Coassement (cri du corbeau).	Croassement.
Croassement (cri de la grenouille).	Coassement.
Comme de juste.	Comme il est juste, *ou* comme de raison.
Conséquente (affaire).	Importante (affaire).
— (ville).	Considérable (ville).

Colaphane.	Colophane.
Corporence.	Corpulence.
Collidor (usité surtout à Paris.)	Corridor.
Croche-pied (marcher à).	Cloche-pied (marcher à).
Crainte qu'il ne vienne.	De crainte qu'il ne vienne.
Contrevention.	Contravention.
Crasser ses habits.	Encrasser ses habits.
Le vent coupe la figure.	Le vent cingle la figure.
Le couvert de la marmite.	Le couvercle.
La couverte du lit.	La couverture.
Le cou de la bouteille.	Le goulot de la bouteille.
Décesser. Il ne décesse de parler.	Il ne cesse de parler.
Demander excuse.	Faire des excuses, demander pardon.
Du mauvais sang (il fait).	De mauvais sang.
Dernier adieu (donner le).	Denier à Dieu (donner le).
Dépersuader.	Dissuader.
Donnez-moi-z-en.	Donnez-m'en.
Dinde (un).	Dinde (une).
Dis-y donc qu'elle vienne.	Dis-lui donc qu'elle vienne.
Eduqué (enfant bien).	Elevé (enfant bien).
Elexir.	Elixir.
Embrouillamini.	Brouillamini.
En outre de cela.	Outre cela.
Il vint sur l'entrefaite.	Il vint sur les entrefaites.
Errhes (recevoir des).	Arrhes (recevoir des).
Esquilancie.	Esquinancie.
Falbanas.	Falbalas.
Farce (ce comédien est).	Farceur (ce comédien est).
Flanquette (à la bonne).	Franquette (à la bonne).
Fringale.	Faim-valle.
Filagrane.	Filigrane.
Votre père est fortuné.	Votre père est riche.

Ils se sont fuis.	Ils se sont enfuis.
Franchipane.	Frangipane.
Gazouiller quelque chose.	Gâter quelque chose.
Géane.	Géante.
Généranium.	Géranium.
Gigier.	Gésier.
Gouailler quelqu'un.	Railler quelqu'un.
Guette (ce chat est de bonne).	Guet (ce chat est de bon).
Geai (noir comme un).	Noir comme du jais.
Hémorrhagie de sang.	Hémorrhagie.
Quelle heure qu'il est?	Quelle heure est-il?
Honchets.	Jonchets.
Ici (dans ce moment-)	Ci (dans ce moment-)
Inestimable (homme).	Qui ne mérite pas d'être estimé (homme).
Enfant impardonnable.	Enfant inexcusable.
Irruption.	Eruption.
Invectiver quelqu'un.	Invectiver contre quelqu'un.
Jeu d'eau.	Jet d'eau.
Jouir d'une mauvaise santé.	Avoir une mauvaise santé.
Laveuse de lessive.	Lavandière.
Lui (l'idée) a pris d'écrire.	L'idée lui est venue d'écrire.
Lierre (pierre de).	Liais (pierre de).
Linceuil.	Linceul.
Linteaux (serviette à).	Liteaux (serviette à).
J'ai lu sur un journal.	J'ai lu dans un journal.
Je lui en défie.	Je l'en défie.
Mal (j'ai) la tête. (Locution lorraine.)	J'ai mal à la tête.
Malgré. Il fut forcé malgré lui de se retirer.	Il fut forcé de se retirer.
Malgré que.	Bien que, quoique.

Mars en carême (arriver comme).	Arriver comme marée en carême. (La marée arrive à propos pour le carême.)
Matéreaux, matréaux.	Matériaux.
Mégard (par).	Mégarde (par).
Mésentendu.	Malentendu.
Midi précise.	Midi précis.
Midi (vers les).	Midi (vers le), et mieux vers midi.
Minable (air).	Misérable (air).
Minuit (sur les).	Minuit (sur le).
Misser-Jean (poire de).	Messire Jean (poire de).
Missipipi.	Mississipi.
Observer. Je vous observe que vous êtes dans l'erreur.	Je vous fais observer que, etc.
Ormoire. (Usité surtout à Paris.)	Armoire.
Oragan.	Ouragan.
Ouette.	Ouate.
Ombrageuse (une forêt).	Ombreuse (une forêt).
Palfermier.	Palefrenier.
Panégérique.	Panégyrique.
Pantomine.	Pantomime.
Pardonner (il faut) ses ennemis.	Pardonner (il faut) à ses ennemis.
Passagère (rue).	Rue passante, *ou* fréquentée.
Parfait (il fait cela au).	Il fait cela en perfection.
Pariure.	Gageure.
Pécunier.	Pécuniaire.
Perce (mon papier).	Mon papier boit.
Peu (un petit).	Un peu.
Perclue (femme).	Percluse (femme).
Pire (tant).	Pis (tant).

Plurésie.	Pleurésie.
Pointilleur (esprit).	Pointilleux (esprit).
Personne bien portante (une).	Une personne qui se porte bien.
Raiguiser un sabre.	Aiguiser un sabre.
Rancuneur, rancuneuse.	Rancunier, rancunière.
Rébarbaratif.	Rébarbatif.
Rébiffade.	Rébuffade.
Rebours (à la).	Rebours (au) *ou* à rebours.
Rémouler un couteau.	Emoudre un couteau.
Remplir un but.	Atteindre un but.
Réprimandable (enfant).	Répréhensible.
Renforci (cet enfant est).	Renforcé (cet enfant s'est).
Restez-vous (où) ?	Demeurez-vous (où) ?
Revange.	Revanche.
Rétablir le désordre. Pour : Le faire cesser.	Rétablir l'ordre.
Rimoulade.	Rémolade.
Sans dessus dessous.	Sens dessus dessous.
Secoupe.	Soucoupe.
Semouille.	Semoule.
Soubriquet.	Sobriquet.
Soupoudrer.	Saupoudrer.
Sableux (chemin).	Sablonneux (chemin).
Voici du café, sucrez-vous.	Voici du café, prenez du sucre.
Si j'étais que de vous.	Si j'étais vous, *ou* Si j'étais à votre place.
Saigner au nez.	Dans tous les cas, il faut : Saigner du nez.
Tâchez que je sois satisfait.	Faites en sorte que je sois satisfait. (La conjonction *que* ne pouvant jamais suivre le verbe *tâcher*.)
C'est tentatif.	C'est tentant.

Tannant.	Vexant, contrariant.
Temps (une heure de).	Une heure.
Tête d'oreiller.	Taie d'oreiller.
Tonton (tourner comme un).	Toton (tourner comme un).
Tout (une fois pour).	Une fois pour toutes.
Tout de même (j'irai).	J'irai aussi, également.
Un trois-pieds.	Un trépied.
Tramontade (perdre la).	La tramontane.
Trésauriser.	Thésauriser.
Trichard.	Tricheur.
Vaille qui vaille.	Vaille que vaille.
Vagistas.	Vasistas.
Vénimeuse (plante).	Vénéneuse (plante).
Vessicatoire.	Vésicatoire.
Volte (faire la).	Vole (faire la).
Voyons voir, regardez voir.	Voyons, regardez.

La *Grammaire des Grammaires*, de Girault-Duvivier, forme deux énormes volumes in-8° de 5 à 600 pages; les grammaires élémentaires représentent en moyenne la valeur de ce que contiennent les volumes de notre format. C'est assez dire que nous n'avons pas eu ici la prétention de donner un traité hérissé de ces minutieuses difficultés dont la solution, rarement cherchée, est toujours facile à trouver dans l'ouvrage remarquable cité ci-dessus; mais nous demeurons persuadés que les matières renfermées dans la GRAMMAIRE que nous soumettons aux nombreux souscripteurs de l'*École mutuelle* suffisent à leur donner les moyens d'apprendre fructueusement ce qu'il est essentiel de savoir pour parler et écrire convenablement leur langue maternelle. Quand l'espace nous le permettra, nous donnerons aux sujets traités tout le développement qu'ils comportent; ce que nous avons surtout en vue, c'est d'éviter les détails oiseux et d'une application sans utilité réelle. Nous espérons que le public voudra bien nous aider dans notre tâche.

TABLE DES MATIÈRES

PAGES

Avertsisement................................. 1

Grammaire. — Notions générales........... 7

PREMIÈRE PARTIE.

Des parties du discours.................... 10

DEUXIÈME PARTIE.

La syntaxe................................. 88

TROISIÈME PARTIE.

Observations complémentaires........... 13.

Paris. — Imprimerie Dubuisson et Ce, rue Coq-Héron, 5

CONDITIONS DE LA SOUSCRIPTION.

L'ÉCOLE MUTUELLE, cours complet d'Éducation populaire, par une société de Professeurs et de Publicistes, formera vingt-quatre volumes divisés en quatre séries de 6 volumes.

On reçoit franco dans toute la France une série de 6 volumes pour DEUX francs — le cours complet pour HUIT francs. — Adresser mandats ou timbres-poste au directeur, rue Coq-Héron, 5, à Paris.

LISTE DES OUVRAGES

Grammaire.
Arithmétique. — Tenue de livres.
Dessin linéaire et Géométrie.
Géographie générale.
Géographie de la France.
Cosmographie et Géologie.
Musique.
Histoire naturelle.
Botanique.
Agriculture et Horticulture.
Physique.
Chimie.

Hygiène et Médecine.
Histoire ancienne.
Histoire du moyen âge.
Histoire moderne.
Histoire de France.
Droit usuel et Législation.
Philosophie et Morale.
Mythologie. — Hist. des religions.
Histoire littéraire.
Inventions et Découvertes.
Dictionnaire de la langue française usuelle (2 volumes).

25 centimes le volume. — 35 centimes rendu franco.

SE TROUVE

A Paris, chez....
- DUBUISSON et Ce, libraires, rue Coq-Héron, 5.
- L. MARPON, libraire, galeries de l'Odéon, 4 à 7.
- DUTERTRE, libraire, passage Bourg-l'Abbé, 18 et 20.
- MARTINON, libraire, rue Grenelle-Saint-Honoré, 14.

A Bordeaux, chez. FÉRET, libraire, fossés de l'Intendance, 15.

A Marseille, chez.
- CAMOIN, libraire, rue Cannebière, 1.
- LAVEIRARIÉ, libraire, rue Noailles.

A Toulon, chez.... RUMEBE, libraire, sur le port.
Au Havre, chez... LEMAISTRE et GODFROY, libraires, 86, Grande-Rue.

Pour les ouvrages *cartonnés*, s'adresser à la librairie Marpon.